睿 雪 / 著

好孩子不是管出来的

教养

陪伴式

台海出版社

图书在版编目（ＣＩＰ）数据

陪伴式教养：好孩子不是管出来的 / 睿雪著 .
-- 北京：台海出版社，2024. 11.（2025.7 重印）

-- ISBN 978-7-5168-4030-6

Ⅰ . G78

中国国家版本馆 CIP 数据核字第 2024V4E371 号

陪伴式教养：好孩子不是管出来的

著　　者：睿　雪

责任编辑：赵旭雯

封面设计：尚世视觉

出版发行：台海出版社

地　　址：北京市东城区景山东街 20 号　　　邮政编码：100009

电　　话：010-64041652（发行，邮购）

传　　真：010-84045799（总编室）

网　　址：www.taimeng.org.cn/thcbs/default.htm

E－mail：thcbs@126.com

经　　销：全国各地新华书店

印　　刷：三河市双升印务有限公司

本书如有破损、缺页、装订错误，请与本社联系调换

开　　本：710 毫米 × 1000 毫米　　　　　1/16

字　　数：150 千字　　　　　　　　印　张：12

版　　次：2024 年 11 月第 1 版　　　印　次：2025 年 7 月第 2 次印刷

书　　号：ISBN 978-7-5168-4030-6

定　　价：128.00 元

如果说孩子是一幅画作，那么父母便是这幅画作的作者。良好的教育是孩子开启精彩人生的画笔。它赋予孩子知识与技能、智慧与情商，让他们有能力去探索这个广阔的世界。

但教育孩子远非一件易事。在教育孩子的过程中，有多少家长因为不会教育而苦恼，又有多少家长因为孩子出现的问题而无措。我想，这正是"陪伴式教养"出现的意义。

陪伴，一件看似简单的事情，里面却藏着诸多学问。陪伴式教养，是家长在陪伴孩子成长的过程中，将科学的教育理念渗透到孩子的生活与精神世界，从而培养出优秀、有爱的孩子。它不仅仅是时间的付出，更是心灵的交融与爱的传递。陪伴式教养没有我们想象中的轻松，也没有我们想象中的艰辛。

当孩子呱呱坠地，来到这个陌生的世界，父母的陪伴便是他们最坚实的依靠。在婴儿时期，温柔的怀抱、轻声的呢喃，都能让孩子感受到无尽的安全。那一双温暖的大手，牵着他们蹒跚学步，探索这个新奇的世界。每一个微笑、每一次鼓励，都是孩子勇敢前行的动力。

随着孩子渐渐长大，陪伴式教养的意义更加凸显。孩子不爱吃饭，孩子无法管理好自己的情绪，孩子不够专注，孩子爱说谎等问题一点点出现。孩子在遭遇着这个年龄段普遍面临的问题和困难，此时家长更应该耐心地倾听他们的心声，给予恰当的建议和支持，帮助他们树立信心，勇敢地面对挑战。

陪伴式教养不是过度保护，而是在适当的时候放手，让孩子学会独立。看着孩子自己尝试着穿衣、吃饭、整理书包，父母的心中或许会有一丝不忍，但这正是他们成长的必经之路。在这个过程中，父母要给予孩子足够的信任和空间，让他们在实践中不断成长。

同时，陪伴式教养也是父母自我成长的过程。孩子的进步和成长常常能触动父母内心深处的柔软，让我们反思自己的教育观念。在陪伴孩子的过程中，我们学会了耐心、宽容和理解，变得更加成熟和坚强。

本书通过九个章节，从有效陪伴、学会防守、适当干预、巧立规矩、细节式陪伴、温柔陪伴、启发式陪伴、边界感等方面，系统地、全面地教家长如何科学地陪伴孩子成长，相信各位家长读完会有所收获。

在这个快节奏的时代，陪伴式教养或许需要我们付出一定的时间和精力，但它所带来的回报是无法用金钱衡量的。一个在陪伴中成长的孩子、内心充满爱和安全感，他们拥有积极向上的人生态度，勇于追求自己的梦想。而父母也在这个过程中收获了无尽的幸福和满足。

让我们用心去陪伴孩子成长，共同书写这段爱与成长的温暖旅程。

目

CONTENTS

录

1
chapter

有效陪伴
培养孩子自控力

美国心理学家沃尔特·米歇尔曾对一群幼儿园孩子进行了 30 多年的跟踪研究，结果发现那些自控力强的孩子更有主见，交际能力更强，无论生活还是事业，都比自控力弱的孩子成功。可见，从孩子两三岁开始培养自控力，会让孩子在未来遇见更好的自己。

1

自控力对孩子有多重要

    一个 3 岁的小女孩坐在餐桌边，手里拿着芭比娃娃，妈妈在一边耐心地给她喂饭。半个小时过去了，小女孩没有吃上几口。一旁的爸爸看不下去了，强行拿走她的娃娃，她马上哇哇大哭起来。

    一个 4 岁的小男孩跟妈妈逛超市，看见玩具奥特曼，缠着要妈妈买，但家里已经有两个同类玩具了，因此妈妈不同意。他见哀求无效，干脆躺到地上打滚。妈妈为了息事宁人，只好答应下来。

    一个 5 岁的小男孩总是动不动就打小伙伴。幼儿园老师批评过他很多次，但他还是改不了这个毛病。老师仔细观察之后发现，他有时候并不是故意打人，可能是想和小伙伴打招呼，于是拍一下他们。但他出手很重，好像无法控制自己一样，于是小伙伴认为他在打人。

一个6岁的小女生在课堂上总是坐不住，一会儿东张西望，一会儿抓耳挠腮。老师讲的内容她根本没有听进去，回家后不会做作业。父母因为这件事和老师沟通过多次，但并没有改变女儿的坏习惯。

......

2～7岁是孩子上早教中心、幼儿园、小学的时期，孩子逐渐融入集体生活，开始学习独立自理。如果父母不注重培养孩子的自控力，他们就容易像上面几个例子中的孩子那样，出现各种问题。其实，孩子产生这些不良行为的根本原因是缺乏自控力。孩子控制不了自己的注意力，不能专心地吃饭、听讲；不能控制自己的力度；不能控制对玩具的占有欲。于是，孩子在父母眼中成了不听话、难管教的"调皮鬼"。

孩子如此不让人省心，很多父母往往会抱怨，斥责孩子不听话。但实际上，这并非孩子的错，而是父母在孩子2～7岁期间忽视了对孩子自控力的培养。

那么，到底什么是自控力呢？简单说来，自控力就是孩子对自己的情绪和行为的掌控能力。自控力主要表现为两种能力，一是学会放弃，二是学会忍耐。比如，当孩子面对两个玩具时，如果父母让他选择一个，他就要放弃其中一个。再比如，课堂上要认真听讲，下课之后才能玩，这就要求孩子学会忍耐40分钟。

美国心理学家克莱尔·考普认为，自我控制是一种复杂的心理结构，反映的是个体调节自己的行为，使个人价值和社会价值相协调的能力。这种能力体现为在没有外部力量监督的情况下，个体遵照一定的规则行事，约束自己的行为，达到期望的目标。

培养自控力是儿童社会性发展的重要任务之一。克莱尔·考普认为，自控力对孩子今后的发展具有深远的意义。在心理学界，许多研究成果都证明了克莱尔·考普的论断。

◎ 自控力与孩子小学低年级时的学习成绩和社会交往能力有密切的关系

来自美国的一项研究发现，孩子在幼儿期的自控力与小学低年级时的学习成绩和社会交往能力具有密切关系，具体表现为：自控力强的孩子更容易建立友谊或保持友谊；更喜欢上学，在学习和生活上更加自觉；老师对他们在学习上的表现打分更高。

◎ 具备自控力的孩子长大后在学习、交往、性格上表现较好

心理学家米歇尔等人通过一项追踪研究发现，4～5岁时拥有延迟满足能力的孩子，进入青春期后在学习成绩、社会交往、性格发展等方面都表现较好，在进入大学前的测试中的得分也较高。

◎ 自控力与学习成绩以及在学校的行为密切相关

另外一项心理学研究发现，孩子的自控力与学习成绩以及在学校的行为密切相关。缺乏自控力的孩子不仅会在早期表现出许多问题，比如攻击性行为、注意力缺陷、多动症等，而且在其成长过程中，还比较容易诱发诸如吸烟、吸毒、酗酒、暴力、早恋等问题。

自控力不是天生的。家庭教育的重要目标之一就是发展孩子的自控力，让孩子学会管理自己的行为。2～7岁是培养孩子自控力的最佳时期，这是因

为孩子在这段时间会经历许多成长关键期，比如秩序敏感期、自主意识敏感期、逻辑思维敏感期、人际关系敏感期等。此外，孩子的生活轨迹也会发生较大改变，从一天到晚待在父母身边，到走进幼儿园、小学，和老师、小朋友一起生活、学习。孩子在学习新知识的同时，还要提高适应能力。短短几年，孩子的生活会发生巨大变化，它们对孩子的性格、习惯有重要的影响。如果孩子在这一阶段能培养超强的自控力，那么他就容易成为一个自觉成长的好孩子。

孩子的人生之路漫长，而父母能够陪伴孩子的时间不过 20 多年。孩子学业有成走进社会之后，未来的人生道路主要靠孩子自己去闯。如果父母能够在亲密陪伴孩子的前几年，用心培养孩子的自控力，那么孩子的未来会更加美好，父母也可以更加省心。反之，如果父母在孩子 2 ~ 7 岁期间当"甩手掌柜"，那么将可能一辈子为孩子操心，而孩子的生活也会一团糟。

作为父母，你是愿意操心这几年，还是操心一辈子？如何选择已经不用多说，从现在起开始行动吧！ 2 ~ 7 岁是培养孩子自控力的关键期。在这段时期，父母既需要给孩子足够的关爱，又需要给孩子适度的管教。父母要认识到爱孩子有多种形式，除了给孩子陪伴、支持，还需要约束孩子的不合理行为，让孩子学会选择。这样，孩子不知不觉中就会形成较强的自控力。孩子有了自控力，父母会觉得省心很多。

郎渊的父母第一天带他去玩摇摇车，他玩了还想玩。等到第二天，父母对郎渊说："今天我们带你去玩摇摇车，但只能玩一次，如果你想玩，我们改天再来。"郎渊答应了。结果玩了一次，父母就带郎渊回去了。尽管郎渊不舍，但他没有抗争。第二次，郎渊还是玩一次就回家了。过一段时间后，郎渊每次玩摇摇车，玩一次就很自觉地下来。

相比文章开头举的那些例子，郎渊的父母是不是省心多了呢？这就是自控力的神奇力量，是让孩子自觉、让父母省心的秘密。

2

❀

如何培养孩子的自理能力

2～7岁是孩子独立意识的萌芽期，孩子喜欢从"我"的角度来体验自己的情感、探索周围的世界。对于自己想完成或能完成的事情，孩子往往喜欢自己去做，而不需要父母的帮忙，甚至抗拒父母的帮忙。

比如，当孩子想穿衣服时，妈妈如果帮他穿，他会说："我自己穿！"如果妈妈不尊重孩子的意见，坚持帮孩子穿衣服，孩子可能会发脾气。又比如，孩子能自己吃饭了，当他想自己吃饭时，如果妈妈要给他喂饭，他会说："我自己吃！"再比如，孩子能自己走路了，逛街时，如果父母老是牵着孩子的手不放，孩子会挣脱父母的手，要求自己走。

孩子的这些独立倾向，是孩子发展自主意识、培养自理能力的重要基础。父母要理解孩子的这种心理需求，鼓励孩子的独立想法和行动，并有意识地引导孩子学习自理，让孩子体会到自己动脑筋、动手做事的乐趣。父母千万不要过分担心孩子做不好或动作慢而帮孩子完成，这样会阻碍孩子独立性的发展。

曾有一篇讲述日本孩子吃午餐的文章，其中写道："哪怕是一个牛奶盒子，他们也要将塑料盖和纸盒进行垃圾分类……吃饭不剩饭、不剩菜，饭后主动收拾碗筷、擦桌子……"他们的父母在孩子独立意识的萌发期，就重视引导他们学习自理能力。

王女士也有这种教育观念，她认为孩子是父母最伟大的作品，妈妈的责任是创造温馨的家庭环境，让孩子体会爱。她认为爱孩子并不是一味地迁就孩子，而是结合孩子发展的特点，放手让孩子成长。在生活中，她对儿子的要求很严格。儿子从2岁开始，每天起床后就学习自己穿衣服、洗脸、刷牙、吃饭……一开始，她会耐心地教儿子做这些事，孩子学会后，她基本上就不用管了，几乎每次都是站在一旁看，见孩子有做得不到位的地方，就稍微提醒、纠正一下。

具体来说，父母需要引导孩子学习的自理能力包括这样几项：

◎ **自己吃饭**

从孩子主动拿起勺子伸到碗里盛饭吃开始，父母就开始教孩子自己吃饭，具体要求是孩子要专心吃饭，并且在规定的时间里吃完。这既可以让孩子体验到成就感，培养自觉性，还能让父母省心。孩子 3 岁左右就要进入幼儿园，一个班的孩子那么多，老师不可能给每个孩子喂饭。如果孩子不会自己吃饭，势必影响摄入营养，还可能让孩子产生紧张情绪，自信心受到打击。

◎ 自己上厕所

如果孩子在上幼儿园之前没有学会上厕所，那么上幼儿园后，面对新环境所产生的陌生感和恐惧感，会让孩子不敢向老师提出上厕所的需求，从而容易造成憋屎憋尿、尿频和尿湿裤子的情况。这不仅会增加老师的负担，还会让孩子觉得不舒服、引起紧张情绪，从而拒绝上幼儿园。所以，父母要让孩子在 3 岁前学会上厕所，以及养成便后洗手的习惯。

◎ 自己穿衣穿鞋

如果孩子到了幼儿园，发现其他小朋友都会穿、脱衣服和鞋子，而自己却都不会，往往容易产生紧张甚至自卑的心理，这对孩子的心理健康会产生不良的影响。因此，父母有必要在孩子两三岁时教孩子穿、脱衣服和鞋子。一开始，父母需要给孩子做示范，将穿、脱衣服和鞋子分解为几个基本动作，一步一步地教孩子，还可以通过游戏的方式教孩子穿、脱衣服和鞋子。当孩子每学会一个基本动作，父母都要及时给予肯定，强化孩子学习自理的自信心。

◎ 自己睡觉和洗漱

孩子每天一般要睡 10 个小时左右，因此让孩子养成早睡早起的习惯很有必要。等到孩子上幼儿园、上小学，父母就完全不用担心孩子晚上不睡、早上不起的问题了，学习效率也会得到保证。在孩子睡觉前和起床后，父母要记得教孩子养成洗漱的习惯。

教孩子养成午睡的习惯也很有必要。幼儿园每天都有午睡的时间，孩子中午如果不休息，会直接影响下午的活动。而且孩子如果不午休，跑来跑去，也会影响其他小朋友午休。

为了让孩子学会以上自理能力，父母可以用儿歌的方式来影响孩子的潜意识，调动孩子的积极性。下面介绍几首相关儿歌，以便父母借鉴：

◎ 关于自己吃饭的儿歌

小宝宝，真能干，

自己拿勺来吃饭。

拿稳勺，扶好碗，

一口一口全吃完。

◎ 关于不挑食的儿歌

爱吃肉，爱吃菜，

宝宝长得快，

妈妈真喜爱。

◎ 关于喝水的儿歌

白开水，真解渴，

宝宝健康离不了。

端起杯，仰起脖，

咕咚咕咚全喝完。

◎ 关于洗手的儿歌

两只小手来洗澡，

你搓我，我搓你。

先用香皂擦一擦，

再用清水来冲洗。

◎ 关于穿鞋的儿歌

小脚往前钻，

小手向上提，

粘上小粘扣，

迈步一二一。

3

怎样引导孩子管好情绪

很多父母知道孩子会经历青春叛逆期，但很少有父母知道孩子在2~7岁也会经历叛逆期，而且有两个叛逆阶段。下面我们来简单介绍一下：

第一个叛逆阶段：3岁左右。孩子在这段时期的叛逆行为多为言语上的，比如：你给他喂饭，他转过头去；你给他穿衣服，他假装看不见，或直接说"不"；你牵他的手，他会故意甩开；你让他做一些平日他喜欢做的事情，他会故意拒绝。这些是孩子独立敏感期的表现，代表孩子自我意识萌芽。

第二个叛逆阶段：7岁左右。孩子的脾气大了很多，会为一点儿事情发脾气。例如，你不允许他吃糖，你拒绝他玩你的手机，你让他停止玩游戏来吃饭，他都可能变得非常抗拒，或哭闹不止，或出现暴力倾向，嘴里还可能说："爸爸坏，讨厌爸爸！""妈妈坏，讨厌妈妈！"这个阶段的孩子独立意识空前强烈，会对父母喊出自己的"独立宣言"。

孩子的情绪往往没有对错之分，父母不需要压抑，而需要接纳、疏导。当孩子叛逆情绪爆发时，如果父母能站在孩子的角度去体会他的感受，并引导他控制和调节情绪，对培养他的情绪自控力十分有意义。

4岁的雯雯有很多爱好，有些爱好父母很不理解。比如，她喜欢捡地上的树叶和石头，并把这些父母觉得没用的东西带回家，还专门准备了一个盒子来装它们。雯雯的爷爷爱干净，看不惯孙女的行为。有一次，他打扫卫生时，把雯雯的"宝贝"彻底清理掉了。

雯雯知道后，跟爷爷大哭大闹了一场。她一边哭一边指责爷爷："凭什么把我的东西丢掉，给我捡回来。"爷爷去楼下找，发现雯雯的"宝贝"已经被清洁工拉走了。雯雯气得直跺脚。

雯雯的妈妈明显感受到女儿的伤心和对爷爷的不满。"宝贝，这些东西是你辛辛苦苦捡来的，现在已经全没了，你肯定很伤心，对不对？"妈妈试着描述雯雯的感受，与雯雯产生共鸣。

雯雯非常伤心地点了点头。

"可是现在已经没了，你再伤心，再怎么哭，那些东西也回不来了呀。要不，从明天开始，你再去捡你喜欢的东西，好吗？"

"嗯，好！"雯雯哭着点了点头。

妈妈拍了拍雯雯的脑袋，给了她一个拥抱，说："爷爷不是故意的，你不要生爷爷的气了好吗？爷爷每天打扫卫生也很辛苦，你说是不是呢？"

听到这里，雯雯若有所思，哭声渐渐听不见了。

雯雯的妈妈做得很好,在女儿的不良情绪爆发时,她先描述女儿的感受,与女儿产生共情,再提出建议,最后劝女儿体谅爷爷的辛苦。雯雯很快就从伤心中走了出来。这种做法值得每一位父母学习。

生活中,我们经常看到父母这样跟孩子说:"你再哭,妈妈就生气了。""你那样做,爸爸很生气。""你那样做,奶奶不喜欢。"这样的提醒看似为了平复孩子的情绪,但实际上是在绑架孩子的情绪。孩子会很自然地想:"我要对父母的情绪负责。"于是,为了让父母不生气,他们不得不压抑自己的情绪,这显然不是有效的情绪疏导方法。

正确的做法是让孩子知道他不好的行为会有什么样的结果,引导孩子对他的行为和情绪负责,而不是对父母的情绪负责。当孩子哭闹时,父母不妨让孩子静一静,等他情绪平复一些后,你可以对他说:"你知道吗?刚才你哭了好一会儿,耽误了自己的游戏时间。你如果早点停止哭闹,就可以多玩一会儿了,是不是呢?""如果你早点停止哭闹,乖乖地吃饭,吃饱了你就可以开心地玩游戏了,是不是呢?"

通过这样的引导,让孩子知道控制自己的情绪有什么好处,再对比一下不控制情绪的坏处。这是在孩子叛逆情绪爆发后的做法,在平日里,父母有必要教孩子如何管理情绪。具体做法可以参考以下几点:

◎ 帮助孩子识别各种情绪

教孩子管理情绪的第一步,是教孩子识别出自己的各种情绪。平时里,你可以随时指出孩子的各种情绪,例如兴奋、激动、失望、沮丧、悲伤、孤独、期待、疯狂等,这样不仅可以让孩子认识各种不同的情绪,还能不断丰富孩子的情绪词汇。孩子识别出的情绪越多，就越能清晰地表达出来，与父母沟通，解决问题。有时候，孩子只要把情绪表达出来，矛盾就可以化解了。

◎ 给孩子独立处理情绪的机会

每当孩子叛逆情绪大爆发时，父母总是想及时"救火"，但更好的办法是不要急于救火，而要给孩子独自感受和处理消极情绪的机会。孩子自己每平复一次情绪，他的情绪自控力就得到了一次锻炼。当然，对于两岁以下的孩子，这一招并不适用，父母还是要尽快转移他的注意力。

有位母亲做得很好。当她发现女儿有点情绪，即将发脾气时，先找个借口躲开。她发现通常自己一走开，女儿很快就没事了。当女儿真的发脾气时，她再回来，有时啥也不说，就是摸一摸女儿的头，给她擦一擦眼泪。如果女儿拒绝她接近，她就捧着书在一旁待着。这位母亲通过这种方式，让女儿有机会感受自己的情绪，自己控制情绪。

◎ 教孩子处理消极情绪的方法

对于 2 ~ 7 岁的孩子来说，父母可以教他们一些简单的处理情绪的方法。例如宣泄法：捶打枕头或沙发、撕纸等，这些行为都可以宣泄孩子内心不良的情绪。在教孩子宣泄法时，基本原则是破坏性要小，而且不影响别人。又如倾诉法：让孩子找人聊天，或自言自语，或随意涂鸦、画画。再如镇静法：数数、深呼吸等。此外，看风景、做运动等都是不错的情绪转移方法。

当孩子冷静之后，父母需要引导孩子思考，想想刚才的情绪是怎么回事，是什么引起来的，以后怎么避免类似的情况发生。

4

❀

怎样才能激发孩子独立思考

2 ~ 7 岁是孩子大脑发育的加速期，也是孩子语言发育的敏感期。这一时期孩子最典型的表现就是爱思考、爱提问，喜欢问稀奇古怪的问题。比如："天上有多少颗星星？""地球有多大？""我是怎么来的？"这些问题经常会把父母难倒，让父母不知所措。

面对孩子的提问，有些父母敷衍了事，对孩子说："不要问了，长大你就知道了。"有些父母采取排斥、压制的方式，对孩子说："哪有那么多问题，不要问了，该干吗就干吗去！"这些处理方式久而久之会让孩子变得不爱观察、不爱思考，不利于孩子提升语言表达能力。

孩子爱提问是爱思考的一种典型表现。提问的同时，孩子的语言表达能力也会得到锻炼。因此，父母应该正确认识孩子爱思考、爱提问的意义，做到积极回应，以锻炼孩子的思维能力和语言能力。

◎ 不要直接告诉孩子答案

孩子遇到疑难问题时，总是希望得到父母的帮助，想直接得到答案。这时父母不要当时就给孩子答案，否则时间长了，孩子会对父母产生依赖心理，不会自己动脑思考，也就难以养成独立思考的习惯了，这对提高孩子的智力水平是没有好处的。

父母要引导孩子或给孩子暗示，让孩子通过一番思考得出答案。这样孩子会有一种成就感，觉得思考是充满乐趣的事情，从而变得更加热爱思考。比如，当电视突然没有声音时，你可以让孩子去寻找原因：是不小心按了遥控器，还是这段电视节目本来就没有声音。孩子在寻找答案的过程中，既可以锻炼思考能力，又可以积累生活经验。

◎ 主动提问并和孩子一起讨论

父母除了要积极回应孩子的提问，还应积极向孩子提出问题。父母抛出问题后，如果孩子思考一番就能得出答案，那固然是好事。如果孩子百思不得其解，也没有关系，父母可以和孩子一起讨论，鼓励孩子表达自己的想法，然后耐心地与孩子分享自己的想法。在讨论中，孩子的思维能力会得到锻炼。

美国著名的物理学家费曼获得了 1965 年的诺贝尔物理学奖。他能取得辉煌的成就，与他父亲从小对他的教育是分不开的。父亲非常善于引导费曼思考，他将自己扮演成外星人，在与费曼相遇后，问了很多地球上的问题，比如："地球上为什么有白天和黑夜？""为什么会有气候和天气的变化？"提问之后，父亲再与费曼讨论。费曼从中学到了很多知识，也学会了如何思考。

费曼对父亲的教育一点都不感到厌烦。父亲的提问大大激发了他学习的热情，使他对百科全书上的科学知识产生了浓厚的兴趣。费曼24岁时获得了博士学位，28岁时担任美国康奈尔大学教授，47岁时获得了诺贝尔奖。

值得注意的是，父母向孩子提问时，要考虑孩子的认知水平，提出孩子能够回答或进行思考的问题。比如："茶杯有多少种用途？"这种开放性问题可以激发孩子的发散性思维。再比如："如果在大街上走丢了怎么办？"这种突发性问题可以考验孩子的应激反应。对于孩子的回答，父母要多一分欣赏和肯定，少一点苛责和挑剔，以保护孩子的自信心。

◎ 给孩子讲故事讲一半留一半

孩子都爱听故事，父母在为孩子讲故事的时候，不要一口气把故事讲完，而要像电视剧那样，演到关键处"请收看下集"。所谓关键处，一般都是有悬念的地方，或故事的情节出现较大波动的地方。讲到这些地方时，刻意停下来，鼓励孩子去思考情节的发展方向，有利于激发孩子的想象力，锻炼孩子的情境思考力。

如果孩子准确地预测了情节的发展，父母要给孩子肯定和赞赏。如果孩子的预测与情节的发展相差甚远，也没有关系。只要孩子描述的情节符合情理，哪怕只有一点儿逻辑联系，也值得父母去肯定。当然，无论孩子预测的故事情节如何，父母都可以鼓励孩子说说为什么这样的预测。通过这样的交流，父母可以更好地了解孩子的想法。

5

如何培养孩子的专注力

经常有父母问:"孩子注意力不集中怎么办?""孩子做事总是三分钟热度,没有一件事情能坚持下来,怎么样才能让孩子专注地做好一件事呢?"其实,孩子注意力的持续时间,与孩子的年龄、生活环境、兴趣爱好等因素都有关系。

心理学研究发现,5~7岁的孩子注意力一般只能维持15分钟左右,5岁前的孩子集中注意力的时间就更短了。因此,父母对低龄孩子的专注力要求过高,是强人所难,是不符合孩子身心状况的。

孩子的专注力还与周围环境有很大的关系。如果环境安静,孩子不容易被干扰,那么孩子专注的时间就会长一点。如果周围喧闹,孩子容易被干扰,孩子专注的时间就会短一些。

孩子专注的时间长短与他对事情是否感兴趣关系最密切。当孩子面对感兴趣的事情时，他往往可以排除周围的干扰，甚至表现出超越年龄特点的专注力。比如，有些孩子对拆装小玩具感兴趣，那么他可能把自己关在房间里，一个上午都不知疲倦。因此，要想培养孩子的专注力，父母需要挖掘孩子的兴趣爱好，并加以保护。

周末，朵朵的妈妈享受了一个安静的下午。因为这个下午，朵朵没有像平时那样一直吵吵嚷嚷地缠着她，而是自己在房间里待了一个下午。朵朵在房间里干什么呢？妈妈从门缝里看到，她一直在专心致志地玩拼图。

原来，妈妈前一天给朵朵买了一盒100片的拼图玩具。对于父母来说，100片的拼图难度很小，不过是小菜一碟，但对于朵朵来说，可是很复杂的。原本妈妈还担心，朵朵不能完成这个艰巨的任务，但没想到朵朵拿到拼图后，就专注地研究起来了。

朵朵先将颜色相近的拼图分类放在一起，然后再根据不同的形状一部分一部分地拼装起来。发现不合适的，她立刻换一块拼上去，直到拼对为止。见朵朵这么认真，妈妈怎么忍心打扰她呢？

到了下午5点多，朵朵兴奋地呼喊妈妈。妈妈来到她的房间，发现一幅完整的拼图赫然呈现在眼前，这是朵朵花了整整3个小时的成果。那一刻，妈妈和朵朵一起欢呼，并为朵朵和她的杰作合影，朵朵别提有多高兴了。

千万不要小看孩子的专注力，做自己感兴趣的事情时，他们往往会迸发出超乎想象的能量和专注力。因此，培养孩子的专注力，一定要让孩子跟着兴趣走。如果父母不了解兴趣对孩子的专注力的重要性，强迫孩子去做他不想做的事情，孩子就很容易出现注意力不集中的现象。

◎ 充分利用孩子的好奇心培养其专注力

新鲜、奇特、富于变化的物体最能引起孩子的注意力，比如会唱歌的生日蛋糕、会跳舞的小青蛙、会走路的小娃娃等，都能极大地调动孩子的好奇心，使孩子集中注意力去观察、摆弄。因此，父母可以给孩子买一些类似的玩具，以此训练孩子的专注力。特别是对于 2 ～ 3 岁的孩子，他们的好奇心特别强烈，培养其专注力的效果往往是最理想的。

如果孩子喜欢拆卸物品，父母不要阻止、批评孩子，不妨给孩子动手的机会，让孩子从中感受到乐趣，以提高他的专注力。相对于孩子弄坏某个物件来说，保护孩子的好奇心、培养孩子的专注力重要得多。因此，父母要对孩子多一些理解和支持。

◎ 充分利用孩子的敏感期培养其专注力

意大利教育家蒙台梭利经过长期研究发现，当孩子达到某一阶段时，就会对某些事物特别感兴趣，她将这个阶段称为"儿童敏感期"。父母要善于捕捉孩子的敏感期，培养其专注力。比如孩子处于色彩敏感期时，会对色彩特别感兴趣，父母可以引导孩子多观察不同色彩的物品，以培养孩子的观察力和专注力。

孩子处于阅读敏感期（4.5 ～ 5.5 岁）时，他们对图书报刊十分感兴趣。这个时候父母可以为孩子创造阅读条件，比如给孩子购买儿童读物，并为孩子创造安静的环境，让孩子可以专注于阅读。

◎ 充分利用孩子喜欢玩的游戏培养其专注力

2 ～ 7 岁的孩子对游戏总是充满兴趣，如果能多陪孩子玩游戏，那么他们的专注力也能得到提高。

心理学家曾做过一个实验：让 4 岁的孩子在不玩游戏和玩游戏两种情况下完成同一项任务——将各种颜色的纸片分装在与之相同颜色的盒子里，然后观察孩子的表现。结果发现，在游戏中完成这项任务的孩子，其注意力可以持续 22 分钟，而且成功分装的纸片数量比不玩游戏的孩子多 50%。不玩游戏的孩子注意力只能持续 17 分钟。

这个实验表明，孩子在游戏活动中，注意力持续的时间会更长。因此，父母应尽可能地把培养孩子的专注力与游戏结合起来。比如孩子练字不认真，总是走神，不妨找个同龄的小伙伴来，让他们通过竞赛的方式练字，看谁练字又快又好。有了游戏的乐趣，孩子往往会表现得更认真，练字的效果更好。

6

怎样帮孩子建立规则意识

孩子的成长离不开自由、宽松的环境，父母需要给孩子自己做主的机会。2～7岁是孩子行为习惯的形成期，在这个时期内，父母需要不断放手，让孩子经历自我认知、自我体验、自我控制的过程，逐渐养成一些好习惯。

放手不等于放任不管，父母要帮孩子建立规则意识，让孩子形成自控力，自觉约束不良行为。要知道，没有任何约束的自由必然会把孩子宠坏。因此，在孩子2～7岁这段时间，父母帮孩子建立规则意识是很有必要的。

美国教育家希利尔曾在《培育孩子》一书的序言中说过这样一句话："纵容孩子不仅显得父母没有能力，更是一种不可饶恕的罪过。这些父母要么不知道管教的重要性，要么是懒于管教。"这句话绝非危言耸听，那些正在受"熊孩子"折磨的父母，想必对此深有体会。

有位父亲说，他的儿子已经 4 岁了。平时，他和妻子对儿子的要求总是尽可能地满足，遇到孩子不能做或不该做的事情，他总是想办法转移儿子的注意力。对于孩子的行为，他基本上不进行规则意识的教育。渐渐地，他发现儿子变得越来越任性。比如，他不高兴的时候会把杯子摔到地上、发脾气的时候就骂人、不想穿衣服的时候就把衣服扔掉……对于儿子的这些行为，他还不能批评儿子，一旦批评，儿子的脾气就会变得更大……

教养孩子是要顺应孩子的天性，但并不等于彻底放弃管教，放任孩子的坏毛病。爱与管教是相伴相随的，给孩子有规矩的爱才是真的爱孩子，给孩子有约束的自由才是给孩子真正的自由。"无规矩不成方圆"，帮孩子建立规则意识，是帮孩子建立是非标准。孩子从小建立规则意识，将来才能顺利地融入社会，成为一个遵规守法的人。

那么，父母应该帮孩子建立哪些规则呢？我们不妨看看著名儿童教育家蒙台梭利提出的需要为孩子设立的 6 条规则：

◎ 交往规则：不能有粗俗的言行

如果孩子为人霸道，喜欢强制别人听从他的安排，否则就用语言对他人进行攻击或胁迫，父母一定要及时阻止，明确地告诉孩子："你这样做是不对的。如果别人这样对你，你会有什么感受呢？"通过引导孩子换位思考，让孩子知道粗俗的言行是不对的。

◎ 物权规则：不可以拿别人的东西

2～3 岁是孩子物权意识的萌芽期，他们往往很难分清自己的东西和别人的东西。所以，当孩子看见自己喜欢的东西时，往往会毫不犹豫地拿在手里，嘴里还会说："这是我的。"而当别人拿走他手里的玩具（即便不是他的）时，他往往会抗拒，甚至以哭闹来抗议。面对这种情况，父母应该及时站出来澄清物权，让孩子知道哪个东西不是他的，哪个东西他没有权利占有。尽早帮孩子分清"你的""我的"，让孩子知道不可以随便拿别人的东西。这样孩子长大后才会更懂得尊重别人。

◎ 归位规则：从哪里拿的东西放回哪里

7岁前的孩子生活自理能力有限，他们玩耍的时候总喜欢把玩具乱扔，玩厌了就丢下不管，等着父母给他收拾。很多父母往往认为孩子还小，帮孩子收拾玩具是应该的，因此没有任何怨言。

其实，2 ~ 7岁的孩子完全有能力自己收拾东西，只是父母不给孩子机会，不要求孩子自己收拾，孩子才会依赖父母。因此，父母不妨给孩子立下规矩：每次玩完玩具后，要自己收拾；每次喝完水后，要将杯子放到桌子上；每次看完书后，要将书放回书架上……让孩子从小养成归位意识，这是孩子建立秩序感的重要基础。

◎ 等待规则：公共用品谁先拿到谁先使用

在家里，孩子什么都可以"第一"：第一个吃饭、抢先吃好吃的……但是在外面，孩子没有这种特权，没人会像父母一样迁就孩子。因此，父母不应过分迁就孩子，否则孩子越来越容易变得"以自我为中心"，娇惯任性。

父母应该给孩子立下"先来后到"的规矩。比如吃饭的时候，父母先上桌就先吃，没必要等孩子；如果孩子迟迟不来，那就让他尝尝饿肚子的后果。又比如在超市结账、乘坐公交车、看电影时，父母应该和孩子一起自觉排队，为孩子做好遵守"先来后到"规则的榜样。

◎ 尊重规则：不可以打扰别人

人与人之间应该懂得基本的尊重，不打扰别人就是其中最基本的一条。比如幼儿园午休时，父母应该教育孩子不应大吵大闹；父亲在接电话，母亲应该教育孩子把电视的声音调小一点；晚上睡觉了，父母应教育孩子安静下来……父母教育孩子在家庭生活中做到互相尊重，孩子在群体生活中就更容易养成互相尊重的好习惯。

◎ 负责规则：做错事要道歉，并且有权要求他人道歉

父母总认为孩子小，于是处处让着孩子，就算孩子犯错了，父母也不在意。这种教养方式会让孩子觉得做错事没什么大不了，反正爸爸妈妈不会怪他。孩子没有了约束，难免会为所欲为，犯更多、更严重的错误。

事实上，2～7岁的孩子虽然年纪小，但并不代表他们不懂事。当孩子犯错时，父母应提醒孩子道歉。记住，一定要教孩子真诚地道歉。有些孩子被提醒要道歉时，马上随口来一句"对不起"，眼睛不看对方，表情没有丝毫歉意，这种流于形式的道歉没有任何意义。

真诚道歉应该眼睛看着对方，同时表情认真。父母平时如果不小心伤害了孩子，比如不小心绊了孩子一下，或粗心大意误解了孩子，也应该向孩子真诚地道歉，这正是教育孩子有权要求过错方向自己道歉的好机会。父母可以教孩子如何委婉地提醒别人向他道歉，同时教育孩子不要斤斤计较，而要做一个宽容的人。

2
chapter

学会放手
陪伴不是事事插手

很多父母习惯于做孩子的"保护伞",处处护着孩子,生怕孩子受到一点"风吹雨打"。殊不知,这样会让孩子失去独立成长的空间。孩子的成长是一个需要不断自我体验、自我负责的过程。只有父母学会放手,孩子才能获得真正的成长。

1

如何教孩子管好日常生活

　　每个父母都知道孩子独立很重要，也知道要从小培养孩子的独立性，让孩子学会管理自己，但却不知道如何去做。我们经常见到的情况是：父母能帮孩子做的，几乎都会去做。由于父母剥夺了孩子自己尝试和体验的权利，使孩子失去了学习自控力的机会。

　　张先生带着 4 岁的儿子去旅游。他和儿子在沙滩上玩。他们旁边是一位妈妈，她躺在椅子上看书，她的孩子在一旁玩沙子。只见孩子抓了一把沙子往嘴里塞。张先生见状，赶忙提醒那位妈妈："你的孩子在吃沙子呢！"

　　没想到那位妈妈却淡定地抬起头，慢悠悠地回答道："没关系，他吃了一次，知道沙子不好吃，自然就不会再吃了。"

张先生恍然大悟：对啊，孩子吃了一次沙子，知道很难吃，以后自然会控制住对这些东西的品尝欲，这不就是自控的表现吗？反之，父母如果总是阻止孩子尝试这个，尝试那个，孩子失去了自我体验的机会，也就很难有对那些物品的自控力了。

有些父母会阻止孩子尝试一些新事物，这样孩子只能从父母那里间接获得经验，这显然不如直接经验深刻。著名儿童教育家孙云晓说过："有时候，成人眼里举手之劳的事情，如果能让孩子去体验，孩子反而能从中吸收到更多经验，对他们的影响也更深远。"

在孙云晓看来，孩子的成长过程是一个逐渐社会化的过程。这个过程的显著特点就是实践性，孩子通过亲身体验才能明白一些常识和道理。父母应该尽可能为孩子提供体验的机会，让孩子拥有学习自控力的空间。这种放手可以从日常生活中的小事开始。下面我们来看一位妈妈是怎么做的：

在孩子1岁之后，妈妈开始让孩子自己吃饭。虽然孩子总是把饭粒掉到地上、桌上，甚至弄得满脸都是，但妈妈及其他家人从不呵斥孩子，而是耐心地教他拿勺子、送饭入口的方法。在这个过程中，孩子对手指细微动作的控制力得到了提升。

在孩子2岁左右时，妈妈开始让孩子学习穿衣服、刷牙、洗脸等基本的自理技巧。虽然孩子最开始学习穿衣服的时候，每次都要花很多时间，但妈妈从来不催促，而是耐心地分解穿衣的步骤，一点点地教孩子。在这个过程中，孩子对肢体动作的自控力慢慢增强。

在孩子3岁左右时，妈妈开始给孩子分配适当的家务。比如，让孩子把衣服丢到洗衣篮里，把用过的卫生纸、吃过的零食袋子扔到垃圾桶里，有时候还会让孩子抹桌子，给客人搬凳子、递水果。闲暇的时候，妈妈还会让孩子给植物浇水，让孩子帮忙把衣服挂在晾衣架上，甚至让孩子帮忙收拾碗筷。

在孩子3岁的时候，妈妈还让孩子和父母分床睡。妈妈觉得分床睡既可以培养孩子的独立能力和胆量，提升孩子对孤独感、恐惧感的自控力，还有利于孩子性别意识的发展。很多2～7岁的孩子之所以不愿意分床睡，是因为他们习惯了父母的陪伴，害怕一个人面对黑夜。其实，这是孩子无法控制内心恐惧的表现之一。

在孩子4岁左右时，妈妈开始给孩子一些零花钱。每次给钱的时候，她都会告诉孩子："你要有计划地花哦，如果花完了，这周就没有零花钱了。"一开始，孩子表现得非常兴奋，总会跑到楼下的小店里买棒棒糖吃。钱花完后，他看到小朋友有棒棒糖吃，只能默默地忍着。因为无论他怎么哀求妈妈，妈妈一周之内都不会再给他零花钱了。慢慢地，孩子知道控制自己花钱的冲动了，而且对零食的抵抗力也明显提升。

在孩子5岁之后，妈妈开始教孩子做简单的计划。比如，明天周末了，妈妈会让孩子简单地安排一下明天的活动：上午干什么，下午干什么。如果去游乐园，妈妈会问孩子："你想怎么游览游乐园呢？"孩子会说："我先玩过山车，再玩蹦蹦床，再玩……"当然，有时候计划太不符合实际，妈妈会教他调整。在这个过程中，孩子对行为的自控力有了很大的提升。

2

你是过度保护的家长吗

　　怕孩子摔跤，孩子走到哪里都要抱着或牵着；怕孩子生病，大热天也不给孩子减衣；怕孩子饿着，孩子吃饱了还要他再吃一点；怕孩子伤到自己，不许孩子用剪刀、锤子等小工具；怕孩子孤独，时刻陪在孩子身边，孩子大了也不和他分床睡……很多父母对待自己的孩子都有一种"母鸡护小鸡"的心理，想尽办法把孩子保护起来。

　　在这种过度保护中，孩子究竟失去了什么呢？孩子会失去探索和冒险精神，还会缺乏适应环境的能力和基本的自理能力，甚至会对外面的世界充满恐惧和焦虑。上学后，孩子也许成绩很好，但运动能力、操作能力、抗挫折能力却较为不足。步入社会后，孩子往往会继续依赖父母，变成"啃老族"，缺乏家庭责任感。总结为一句话：过度保护下长大的孩子，往往什么事都做不好。

也许有些父母认为这样的结论耸人听闻，其实完全符合事实。美国北卡罗来纳州立大学的研究者，曾对 20 名孩子进行了为期两个月的调查。结果发现：那些被父母护着的孩子不太会玩自发性游戏，也就是创新能力较差。他们往往只会玩设置好规则的游戏，或那些大家都会玩的经典游戏。

对于较大的孩子，由于他们已经具备了一定的判断力和自控力，如果父母过度保护，对孩子的危害会更大。美国华盛顿大学的心理学家对 200 多名孩子和他们的父母进行了长达 3 年的研究，结果发现：当一个孩子被给予过多的指导，缺乏独立自主的空间时，往往内心的焦虑感和忧郁感都会增加。

父母希望孩子将来能够管理好自己，现在就必须相信孩子有能力做好自己，放手让孩子体验自我成长的滋味。具体来说，父母要做到以下 3 点：

◎ 大局上安排，细节上放手

不论在家里还是户外，父母都应该具备特工一样的素质：迅速观察周围的环境，清楚危险以及潜在的危险。在保证孩子安全的情况下，大胆地让孩子自己去玩耍。比如，父母可以鼓励孩子在草坪上打滚，可以放手让孩子爬树（爬低矮的、树干结实的树，而且父母应在下面做适当的保护工作）。孩子在玩耍的过程中，会提高对肢体的控制力。

父母还可以让孩子和小朋友一起运动，比如在草坪上踢球、玩滑梯。踢球可以提升孩子的体能，培养孩子的耐力；玩滑梯可以培养孩子的排队意识。在这些群体性活动中，孩子的交际能力也可以得到提高。

◎ 多做旁观者，少做干预者

当孩子遇到困难时，父母在确保这些麻烦对孩子没有危险的情况下，不妨多做旁观者，少做干预者。比如，孩子在沙发上蹦跳时摔了一跤，只要没有摔伤，父母完全可以装作不在意，这样孩子往往会自觉地爬起来。再比如，孩子在游戏中和某个小朋友发生了矛盾，父母可以视而不见。即便孩子求助，父母也应该多引导、少干预，给孩子独立处理人际问题的机会。在做旁观者的过程中，父母一定会发现：原来孩子拥有强大的自我调节能力。

◎ 步子慢一点，让孩子等一等

　　面对孩子的求助，很多父母会立刻赶过去。其实，只要孩子没有遇到危险，父母完全可以放慢脚步，甚至可以找个借口，鼓励孩子自行处理。孩子自己解决问题后，再和孩子沟通他当时是怎么思考、处理的，然后给予孩子肯定和鼓励。这样孩子会变得越来越自信，越来越独立。

3

❀

孩子遭遇小困难，家长要管吗

每一个孩子都会在成长的道路上摔跤、跌倒，面对这种情况，父母的做法大概分为两种：

第一种做法：马上慌慌张张地跑过去，一把抱起孩子，为孩子拍打身上的灰尘，揉搓摔伤的手脚，嘴里不停地问孩子"疼不疼""伤到了没有""别害怕"等，还会说"都怪这块地不平""是这块石头绊了你，把它扔了"。

第二种做法：暗中观察孩子的表现，如果发现摔得不重，会鼓励孩子"没事的，自己站起来"，甚至视而不见。这无形中会让孩子觉得：摔跤并不是什么大事，于是自己乖乖地爬起来了。

对比两种做法，无疑第二种做法是明智的。这种看似冷漠无情的教养方式，其实是一种更深沉的爱。父母通过这种做法能教育孩子：摔倒了是因为自己不小心，以后走路要注意；摔倒了要自己爬起来，不要指望别人。这种做法还能锻炼孩子对疼痛的忍耐力，培养孩子坚强的内心，还能使孩子学会控制自己摔跤后的情绪和行为，提升自控力。

面对孩子摔倒，父母一定要对孩子有信心，相信孩子能自己爬起来。父母要认识到，孩子小的时候面对的只是摔个跟头，将来还可能面对学习、工作、感情等诸多方面的挫折。如果你希望孩子坚强地面对那些"跟头"，就要从孩子小时候开始学会放手，相信孩子能自己爬起来。

4岁的鹏鹏放学的时候，见爸爸在幼儿园门口等他，高兴地跑了过去。由于地板刚拖完，是湿的，他一下子就滑到了，牙齿把嘴唇磕破了，流了血，他放声大哭起来。见此情景，爸爸一边掏出纸给儿子擦嘴唇上的血，一边鼓励道："坚强点鹏鹏，爸爸知道你很疼，但你是男子汉啊！"鹏鹏哭了几声之后，慢慢地控制了情绪，止住了哭泣。

见鹏鹏慢慢不哭了，爸爸对他说："鹏鹏，知道你为什么摔跤吗？你看看地板。"

鹏鹏看了看地板，也许是嘴唇疼，也许是没发现原因，他疑惑了半天。于是爸爸说："因为地板是刚拖过的，还是湿的，容易滑倒啊！"

鹏鹏含着眼泪说："嗯，有水会滑。"

爸爸说："记住了哦，下次在有水的地方，走慢一点，不要跑，知道吗？"

鹏鹏点了点头，说："知道了，爸爸！"

从这个例子我们可以看出，父母放手的背后，是给孩子创造自我成长的机会。在这个过程中，父母要注意以下两点：

◎ 见机行事，给孩子鼓励

　　放手让孩子自己爬起来，并不是一味地坐视不理，当孩子摔得较重时，父母还是有必要表达关爱的，否则会让孩子觉得父母不爱他。鹏鹏的爸爸做得很好，关键时刻给儿子鼓励，让儿子学会了坚强。

◎ 分析原因，给孩子经验

　　在孩子成长的过程中，摔跤、跌倒，甚至受伤，这些都是难以避免的。孩子摔跤之后，父母不能让孩子"白摔"，而应该帮孩子分析原因、总结经验教训，让孩子学会保护自己，这样孩子才能吃一堑、长一智，更好地成长起来。

4

经常被否定的孩子会怎样

　　为人父母者或多或少都有"望子成龙、望女成凤"的心理，总希望自己的孩子是最出众的。有了这种心理之后，孩子表现出不如意的行为，父母就可能忍不住去苛责、否定。殊不知，这会在无形中给孩子造成诸多消极影响。

　　陈芬有一次去幼儿园接女儿，当时女儿还没放学，她就走到女儿的教室窗口，默默地看孩子。刚好还有一位妈妈也站在窗口往里看自己的孩子，于是她们简单地打了声招呼。

　　没过一会儿，放学了。当孩子把在课堂上画的画递给那位妈妈看时，那位妈妈大声地脱口而出："你这画的是什么东西，怎么这么难看啊？"陈芬觉得十分刺耳，用胳膊捅了捅那位妈妈的胳膊，低声说："别这么说，你孩子画得其实不错。"然后稍微提高点儿嗓门，对那个孩子说："阿姨觉得你画得不错呀。"那位妈妈友好地笑了笑，似乎明白了陈芬想要表达的意思。

有时候，父母对孩子的否定只是随口一说，但可能会让孩子一整天都不开心。如果一个孩子经常被否定，久而久之，他会变得自卑起来。

孩子的心是很敏感的，当父母否定他时，他可能会觉得父母不爱自己，觉得自己表现很糟糕，那他还有什么快乐可言呢？孩子是需要被认可的。孩子获得父母的认可后，才能体会到做事情的乐趣，才能逐渐找到自信，感受到自我存在的价值。

清代学者颜元说过："数子十过，不如奖子一长。"这句话告诫父母不要总是数落孩子这不行、那不行，而要积极肯定和夸奖孩子。有句话说得很好："一个孩子如果生活在鼓励中，他就会学会自信；如果生活在认可中，他就会学会自爱；如果生活在表扬中，他就会学会感激。"其实就是一句话：多给孩子赏识，多给孩子正能量；少给孩子否定，少给孩子负能量。

下面，我们就来总结一下，父母经常用来否定、批评孩子的几句话，每一句都值得父母反省。希望父母在和孩子相处时，不要再对孩子说这些话。

◎ "你怎么这么傻"

"我已经给你讲过几遍了？你怎么就听不懂呢？"

"你的脑子里到底在想什么？别人都知道，你怎么不知道呢？"

"你怎么这么傻呢？连这么简单的问题都不会！"

听听这些话，是不是很熟悉呢？这是父母经常用来否定孩子的话，否定的不仅是孩子面对的具体问题，更是孩子的人格。当父母不尊重孩子时，孩子就失去了自尊心、自信心、成就感，感受不到成长的快乐。

下面这几句话会让孩子心里更加难受：

"你这个没用的东西！"

"你这样的孩子谁都不会喜欢的！"

"你真是无可救药！"

"你这样的孩子，当初就不该生下来。"

父母无论多么生气，都不该说这样的话。父母在刺痛孩子自尊心的时候，其实也是在否定自己。这种冰冷的否定对孩子来说不亚于一种"心灵虐待"。所以，父母再也不要对孩子说这些话了。

◎ "我要是你就不会这样做"

当孩子兴致勃勃地把自己的想法告诉父母时，父母劈头盖脸就是这样一句，会让孩子的积极性顷刻间被"冰"封住。孩子的主动性是需要保护的，父母应该多给孩子一些鼓励。即便你不认可孩子的想法，甚至觉得孩子的想法很荒诞，也不妨先肯定一下，然后再微笑地表达你的想法，这样才不会打击孩子的自信心和积极性。

◎ "小小年纪，你懂什么"

当父母商量事情时，如果孩子跑过来插嘴，父母往往会对孩子说："小小年纪，你懂什么，一边待着去！"难道小小年纪的孩子就没有发表想法的权利吗？难道小小年纪的孩子就真的什么都不懂吗？

也许孩子的想法真的不对，但父母不应该打击孩子参与家庭事务的责任感。要知道，这样的话会让孩子怅然若失、倍受打击，感到压抑。正确的做法是适当肯定孩子："哇，你的想法真有意思，不过呢，好像不太实用哦！"这样说，孩子怎么会感觉到沮丧呢？

5

❀

剥夺孩子的决定权真是为他好吗

一位一年级的班主任讲述了一个故事，对父母很有启发：

这学期，学校热火朝天地开展"社区学校"活动，每天下午第二节课后，学生可以上自己感兴趣的课。学校规定，兴趣课的选择需要由父母和孩子商量决定，可班里不少孩子的兴趣课是父母单方面决定的。

一天，当我把每个学生选择的兴趣课念出来时，不少学生在下面小声地抱怨着。其中，王宇的反应最为强烈，他大声质问道："老师，我没有报少儿声乐，我报的是少儿足球。"

我解释道："昨天下午你妈妈给我打电话，说是和你商量好的，让我帮你报少儿声乐。"

"我妈妈说谎，我没有答应她报少儿声乐。"

我安抚了一下王宇，让他先安静下来。可没想到，当我接着念名单时，有学生提醒我："老师，王宇哭了。"我把王宇叫到教室外面，当面给他父母打电话。通过耐心的沟通和劝导，王宇的父母终于接受王宇的选择——报少儿足球。

很多父母都喜欢为孩子做决定、替孩子做选择。在他们看来，这是替孩子着想，为孩子好。网络上有一句调侃"有一种冷叫妈妈觉得你冷"，这样的例子在生活中随处可见。比如，孩子穿着单薄的衣服，在兴奋地玩皮球。妈妈手里拿着衣服站在一旁，阵阵微风吹来，妈妈感觉有点凉，就催着孩子穿衣服。其实，孩子处于运动状态，不容易感觉冷。因此，妈妈催促孩子加衣服，并没有考虑孩子的感受。

父母经常会以自己的感觉来判断孩子的需求，然后自作主张地满足这个需求。殊不知，这未必是孩子需要的。父母正确的做法是站在孩子的角度思考问题，分析孩子的需要，并把决定权交给孩子，让孩子对自己的决定负责。

刘芳刚给4岁的儿子买了一套衣服和鞋子，衣服的颜色与鞋子的颜色是精心挑选的，十分搭配。结果，儿子才穿了半天新鞋子就不肯穿了，嚷着要换回旧鞋子。刘芳的第一反应是拒绝，因为那双旧鞋子的颜色与新衣服不搭调。可是想了想，她还是忍住了。

见妈妈不反对，儿子脸上露出了喜悦，高兴地穿起了旧鞋子，嘴里还说道："它臭臭的，但我还是喜欢。"听了这话，刘芳突然想起来，这双鞋是儿子当初自己挑选的，难怪他那么喜欢。

对于孩子来说，什么最重要的呢？是自己决定、自己选择。自己做决定意味着快乐，而做快乐的事情，孩子自然会表现出主动性。所以，在培养孩子独立性的过程中，父母要遵循孩子的想法、尊重孩子的意愿，多给孩子做决定的机会，让孩子学会对自己的行为负责，这种责任感是孩子管理自己的重要动力。

2～7岁是孩子独立意识的萌芽期，孩子对于自己的事情总想自己做主。因此，父母放手让孩子自己做决定，是对孩子的一种尊重，另外还有两个很有说服力的理由：

第一，父母不一定懂孩子的心，可能不知道孩子真正想要什么。因此，即便不能完全让孩子做决定，也要多和孩子沟通，了解孩子的想法，而不是替孩子做决定。

第二，父母习惯于帮孩子做决定，孩子的判断、选择能力就得不到锻炼。以后需要孩子独立做决定时，孩子会变得没有主见、不敢于担当，缺乏自信心和责任感。

所以，即便是为了孩子好，父母也不要帮孩子做决定，而要把决定权、选择权还给孩子。有时候即便孩子做错了决定，只要不会导致恶劣的后果，父母完全可以让孩子去承担因此带来的不愉快体验，因为错误也是孩子成长过程中的一笔财富。

6

负面标签对孩子伤害有多大

有这样一则寓言故事：

一头狮子一觉醒来，发现自己的尾巴上多了一个写着"驴子"的标签。狮子十分恼火，想尽办法把这个标签弄下来，但却没有成功。更让它恼火的是，每当它走在路上，其他动物都会指着它尾巴上的标签，小声地议论道："那是驴子，不是狮子。"

一开始，狮子并不认为自己是驴子，因为它比其他狮子健壮，是一头彪悍的雄狮；与其他动物相比，自己的体形更庞大。可是，说它是驴子的声音多了，它开始怀疑自己的真实身份。

一天，狮子气急败坏地质问另一头狮子："难道你也认为我是驴子吗？"这头狮子说："驴子先生，你虽然长得像我，可你和我不是同类，你的尾巴上明白地写着'驴子'啊！"渐渐地，狮子接受了自己是一头驴子。

有时候，孩子何尝不是这样的"狮子"呢？他们原本比较优秀，但由于某些缺点而被父母贴上了负面的标签。久而久之，孩子便开始给自己打上一个大大的问号，继续逐渐认同父母给自己贴的标签："原来我真的像爸爸妈妈说的那样啊。既然我改变不了在爸爸妈妈心中的形象，那我就不改变了，就照父母说的那样去做吧！"这样孩子就容易产生"破罐子破摔"的心理。

每个孩子都是独一无二的小天使，是上天赐给父母的礼物。无论怎么样，父母都不应该随便给孩子贴上负面的标签，如"懒虫""坏孩子""自私鬼""暴力狂""胆小鬼"等。因为 2 ~ 7 岁的孩子就是一张白纸，你给他贴上什么标签，他往往就会参照这个标签去做事。你给孩子贴上"自私鬼"的标签，孩子可能表现得更自私；你给孩子贴上"胆小鬼"的标签，他可能表现得更胆小……

贴标签是父母将自己对孩子的评价固定下来，对孩子的心理健康是不利的。当你给孩子贴上一个标签，就等于把孩子局限在某一个条条框框内，孩子的兴趣、性格就很难多元化发展。

6 岁的乐乐平时在家里有些偷懒。妈妈做家务的时候让她帮点小忙，她不是借口说作业没做完，就是说要上厕所；做作业的时候，爸爸指出她做错了题，即使橡皮在手边，她也不会擦掉重写，而是直接在答案上涂改；她背不出古诗，老师说她并不是记性差，而是懒。妈妈很生气，干脆直接叫她"大懒虫"。

那天放学，妈妈去学校里接乐乐。见乐乐半天没有走出教室，于是就去教室里找乐乐，见到乐乐后，妈妈大声叫道："大懒虫，干吗半天不出来呢？"

乐乐理直气壮地争辩："我今天值日，刚忙完。"

妈妈笑着说："你那么懒，还会做值日？"乐乐一下子来气了，不理妈妈。这时老师过来了，对乐乐妈说："今天她真的做了很多事，擦黑板、扫地，很勤快。"听了老师的话，乐乐紧锁的眉头才舒展开来。

两天后，妈妈从学校里把乐乐接回家。回到家里，乐乐又闹小情绪，直接进了房间，妈妈喊了她半天，她也不搭理。妈妈推门进去后，发现乐乐趴在床上哭。妈妈问她："为什么要哭，是不是在学校受委屈了？"

乐乐边哭边说："都怪你，都是你害的。"

妈妈感到莫名其妙，问："为什么怪我呢？我做错了什么？"

乐乐哭哭啼啼地说："你那天当着同学们的面说我是大懒虫，现在他们都这样叫我。"听到这里，妈妈才明白是自己做错了。

孩子有缺点是难以避免的，父母要做的是悉心引导，而不应该用负面的标签来评价孩子，这样做是对孩子人格上的否定，会给孩子造成巨大的心理压力。

2～7岁的孩子都爱模仿，如果其他孩子知道你的孩子有个负面标签，他们会津津乐道地将其作为你的孩子的外号，没完没了地叫。这对孩子来说，无疑又蒙上了一层心理阴影。

每个孩子都有很强的可塑性。2～7岁孩子的缺点并未定型，只是暂时的，只要父母教育方法得当，完全可以帮孩子纠正缺点。比如多给孩子一些肯定和鼓励，特别是孩子取得进步的时候，夸赞可以很好地激发孩子改正缺点的积极性。这种方式教养出来的孩子，才会充满阳光。

3
chapter

适当干预
陪孩子养成专注力

很多父母都有这样的经验：当孩子专注于玩游戏或观察新鲜事物时，周围的一切都干扰不了他。专注的孩子，更有钻研精神。因此，父母想要培养优秀的孩子，不妨从培养他的专注力开始，并加以适当干预。

1

❀

专注的孩子更能管好自己

宋女士说，儿子军军6岁了，在上学前班。老师反映军军是个聪明的孩子，但注意力不集中，小动作不断。宋女士发现儿子从学校回来后，好像什么都没学会。一问他，他总是回答："老师什么也没教。"

军军的问题是专注力不足导致的，很多2～7岁的孩子身上都有这种问题。通常来说，这个年龄段的孩子专注力不足，注意力不集中的常见表现如下：

（1）在幼儿园或小学的课堂上很容易受到环境的干扰而分心，不能专心听讲；

（2）注意力不能持久地集中于某一事物，而是频繁地改变专注的对象；

（3）做一件事不能全神贯注，总是一边做一边玩，或粗心大意；

（4）对父母的话似听非听，心不在焉；

（5）做事有始无终，经常半途而废或虎头蛇尾。

专注力是孩子能否做好一件事情的关键，对自控力有很大的驱动作用。因此，父母一定要重视培养孩子的专注力。一个专注力强的孩子，更容易做好自己、管好自己，会让父母少操很多心。

下面是一位母亲对培养孩子专注力的经验之谈（以第一人称的方式讲述）。从她的教养故事中，父母能获得不少有关培养孩子专注力的智慧。

◎ 给孩子讲故事时冷不丁提问

在晨晨2岁以后，不管教他做什么或让他看什么，我都很注意培养他的注意力。我经常会在给他讲故事的时候，突然停下来，针对故事中的情节向他提问："如果你遇到故事中的情况，你会怎么处理呢？""你认为这个故事的结局会是怎样的？"或直接问他："刚才讲到哪里了？"我之所以这样做，目的就是让他不得不集中注意力来听我讲故事。如果孩子能答出来，我会不吝表扬；如果孩子答不出来，我会先提示他；如果孩子还答不出来，我就会放弃讲故事，让他对自己的"不专注行为"进行反省。

父母给孩子讲故事时，如果孩子也发生不专心的情况，可以向这位母亲学习。你不妨对孩子说："妈妈给你讲故事，如果你不注意听，就证明你不喜欢听。既然你不喜欢听，妈妈就不给你讲了。只有你喜欢听了，妈妈才愿意讲给你听。"经过一番提示，孩子会很容易明白专心听故事的重要性。

◎ 给孩子的玩具不宜太多

从小到大，我给晨晨买的玩具都不算多，我并不赞成父母给孩子买各式各样的玩具。我觉得孩子玩玩具是一个认知事物的过程，应该让他把玩具玩到清楚明白为止，而不是两三天换个玩具，甚至一天之内玩多个玩具。这样很容易分散孩子的注意力，不利于孩子专注力的培养。

对于 7 岁前的孩子，父母应该多抽时间和孩子一起玩。玩出兴趣、玩出创意，这是培养孩子专注力的好办法。父母还应该帮孩子选择合适的玩具和游戏，陪孩子在较长的时间里专注地玩一种玩具或游戏，引导孩子集中注意力，专注地去玩。

◎ 给孩子提供适合他学习的知识

我还经常给晨晨选择一些适合他学习的知识，并让他在规定的时间内学完，然后给他肯定和奖励。例如，我给他买了一本看图说话的儿童绘本，让他在 15 分钟之内看完，并告诉他："我希望你看完之后把书中的故事讲给我听，要有头有尾，越生动越好。"有了明确的目标，晨晨就会很认真、很专注地去做这件事，而且能完成得又快又好。之后，我对他的表现表扬一番，他就会很高兴。

2 ~ 7 岁的孩子非常渴望得到父母的夸奖和激励。当你引导孩子专注地做一件他感兴趣的事，孩子做好后给他肯定和夸奖，可以给孩子小小的成就感。

这样，孩子好的行为就会得到强化，时间长了就会养成专注的习惯。

◎ 让孩子体验到专注带来的好处

我经常对晨晨说："只要你认认真真、全神贯注地完成一件事，完成之后，你想干什么就干什么，我绝不会干预你，那是你的自由。"晨晨逐渐能够在做事的时候保持专注，在做完事之后尽情地玩。而我和他爸爸也会兑现承诺，绝不干预他自由时间里的正常活动。

生活中，为什么很多孩子做事三心二意，注意力涣散呢？一方面是因为他们的自控力有限，无法像大人那样保持较长时间的专注力；另一方面是因为他们没有尝到专注的甜头，意识不到集中注意力的好处。因此，如果父母能够有意识地让孩子感受专注力带来的益处，就会使孩子自觉集中注意力做好一件事情，从而提高专注力。

2

❀

如何提高孩子的观察力

观察力与专注力是互为因果、相辅相成的。一个观察力强的孩子，在观察事物的时候往往能够很专注；一个专注力强的孩子，在观察事物的时候往往能够很细致。因此，通过培养孩子的观察力能够提升孩子的专注力。

值得孩子去观察的事物有很多，家里有各种常用物品，外面有各种各样的建筑、各式各样的车。其中，有一类事物是最值得父母陪孩子去观察的，那就是绿植。父母可以和孩子一起种种花草，种下的是希望，收获的是快乐。当孩子看到自己亲手种下的花籽如期吐绿、繁茂生长时，那种成就感是十分强烈的。

对于种花养草，很多孩子都充满热情，但耐心不够，总希望今天种下的花籽两三天后就发芽、开花，结果在漫长的等待中耗尽热情，失去了兴趣。

为了避免孩子出现这种情况，你有必要通过正确的教育和引导，让孩子认识到种子发芽有一个过程，需要耐心等待；种子吐绿后每天都在变化，需要细心观察。在这个过程中，孩子的观察力和自控力都能得到很好的培养。当花儿开放时，你就能和孩子一起分享快乐了。

父母可以选择发芽周期短的植物，比如胡萝卜、小白菜、大蒜、葱等。一位父亲选择了胡萝卜作为引导孩子接触园艺、提高专注力的对象。

妈妈做的胡萝卜味道很好，利利吃得津津有味。这时爸爸告诉他："胡萝卜有很多营养元素，多吃点对身体好。"利利受到爸爸这些话的影响，变得越来越爱吃胡萝卜。

一天，爸爸对利利说："既然你那么爱吃胡萝卜，要不我们就在家里种胡萝卜吧？这样我们可以吃到自己种的胡萝卜了。"利利兴奋地拍手。于是爸爸和他在院子里刨了一块地，撒下了胡萝卜的种子，然后精心地浇水、施肥。

为了让胡萝卜早点发芽，爸爸还找来一块薄膜，和利利将它盖在土上。过了七八天之后，胡萝卜终于发芽了。又过了几天，胡萝卜的嫩苗长高了。

一天，爸爸对利利说："今天我们要给胡萝卜除草了。"爸爸将一些杂草拔掉，将一些长得不太好的绿芽也拔掉，并对利利说："这些发育不良的芽是不会长出胡萝卜的，因此要拔掉，让那些发育良好的芽吸收土壤里更多的营养，长得更好。"

在胡萝卜的生长过程中，利利在爸爸的陪伴下，经常观察胡萝卜的生长状况。终于有一天，在爸爸的协助下，利利拔出了两棵又大又红的胡萝卜。那天晚上，妈妈做了一盘胡萝卜炒肉，利利吃得可香了。

看到这个故事，你也许很羡慕，因为并不是每个人的房子都前有院、后有地。没关系，我们可以给孩子提供可观察的植物。比如买萝卜的时候，挑选一个顶端带叶子的，然后把顶端切下来，放到一小碗水里，让它继续生长。你还可以把白菜心的根部切下，放在盛水的白瓷盘中，几天后你和孩子就会发现白菜根上长出了嫩芽。

你还可以买一些花盆，种几粒豌豆或大蒜、小葱，再定期洒水，很快你和孩子就能看到这些植物破土而出了。当你煮面条的时候，加上一些自己种的葱、蒜，孩子会吃得更加津津有味，从而更愿意做这样的事情。

如果你家住在一楼，可以在阳台下面的地里种一些爬藤类植物，比如丝瓜、牵牛花等。当家里来客人了，你可以和孩子用丝瓜汤犒劳客人，并告诉客人："这个丝瓜是孩子种的，多棒啊！"在你说这些话的时候，孩子内心一定会无比喜悦。

无论是在小小的阳台上，还是在私人花园里，种植物都能给生活带来情调，给我们的内心带来欣喜。这种美的创造与传播，可以培养孩子对生命的敬畏之情，以及对种养植物的兴趣。你在和孩子一起享受园艺的同时，还可以告诉他一些有关蔬菜、花草的知识。更重要的是，孩子的观察力、专注力在不知不觉中得到了提高。

3

❀

怎样提升孩子抵御诱惑的能力

吃，对孩子的诱惑很大。对于 2 ~ 7 岁的孩子来说，如果他们能管住自己的嘴巴，抵挡住食物的诱惑，不仅会使身体更加健康，还会在提高自控力的道路上迈出最坚实的一步。

抵挡住食物的诱惑表现为三种情况：一是坚决不吃某种食物，比如不健康的零食；二是延迟去吃某种食物，比如在吃饱饭后不吃零食；三是控制自己的食量，比如一种食物分开吃，一次不要吃太多。对于孩子来说，一道美食摆在他们面前，他们很难做到坚决不吃，如果能够做到延迟去吃，就已经很了不起了。

关于"延迟满足"，有一个十分有名的心理学实验。20 世纪 60 年代，美国斯坦福大学心理学教授沃尔特·米歇尔通过"棉花糖实验"观察 60 名 4 ~ 6

岁孩子的自控力，并进行跟踪调查，最后得出结论：自控力是一个人成功的重要因素，是身体健康、事业发展的重要支撑。在一次演讲中，米歇尔教授把实验过程详细地讲了出来：

米歇尔教授派人找来60名4～6岁的孩子，让他们坐在一个房间里，然后给每一个孩子一颗棉花糖，并且对大家说："如果我回来的时候，发现谁面前的棉花糖还在，我就会再奖励他一颗棉花糖，这样他就有两颗棉花糖了。"

只见米歇尔教授刚关上门，就有三分之二的孩子迫不及待地吃了棉花糖。剩下有些孩子大约坚持了14分钟，但还是忍不住棉花糖的诱惑，于是吃了棉花糖。极少数孩子看了看棉花糖、闻了闻，又将它放回去。这些孩子或用手捂住自己的眼睛，或拉着衣角，或站起来走来走去。尽管他们才4岁多，但已经有很强的忍耐力，懂得如何延迟满足了。

15年后，米歇尔教授找到所有参加心理实验的孩子。这时，他们已经十八九岁了。他发现：当初为了能够得到第二颗棉花糖而忍受15分钟的孩子，学习成绩、人际交往能力和生活质量等普遍比较好。而当初忍受不了第一颗棉花糖的诱惑而吃了棉花糖的孩子，则表现比前者要逊色一些。

"棉花糖实验"也不断被丰富和发展，毕竟影响一个人成功的因素有很多，抵御诱惑的自控力只是其中一个方面。后来，各种被优化的"棉花糖实验"也不断进行。得出了父母是否守信是孩子获得延迟满足能力的关键（美国罗切斯特大学的研究团队）、孩子的延迟满足能力与家庭背景有很大关系（纽约大学和加州大学研究团队）等结论。如今"延迟满足效应"依然是心理学被广泛接受的理论，延迟满足能力在提升孩子的自控力上表现出其重要性。

在日常生活中，到处都有训练孩子延迟满足能力的机会。比如，孩子在幼儿园的课堂上要坐十几分钟甚至二三十分钟才能下课休息；孩子提出一个心愿，如生日时想要一个礼物，但要等待一段时间；父母买回来一些零食，但是要求孩子每天只能吃一点……这些都是提高孩子忍耐力、自控力的训练。

下面，我们就以美食为例，教父母对孩子进行延迟满足能力训练的技巧。

◎ 引导孩子发挥想象力

面对一种很有诱惑力的美食，父母可以引导孩子发挥想象力，把它想象成另外一个东西。孩子会暂时忘记美食本身的诱惑力，而沉浸于美妙的想象之中，从而提高延迟满足能力，增强自控力。

比如，引导孩子将一颗软糖想象成一朵白云，想象它在天空中慢慢飘荡；再由白云想象到飞机、由飞机想象到蓝天、由蓝天想象到飞鸟……孩子的想象力是极为丰富的，当他在想象中感受到乐趣之后，就会暂时忘记棉花糖，自然而然地提高延迟满足能力。

◎ 引导孩子转移注意力

心理学家研究表明，自控力强的孩子在面对美食的诱惑时，懂得将自己的视线从美食上转移开，包括闭上眼睛、唱歌，甚至努力让自己睡觉。当他的注意力转向其他东西时，他等待的时间会更长。这就是转移注意力对提高延迟满足能力的意义。因此，父母在训练孩子延迟满足能力的时候，可以引导孩子转移注意力。

比如，当孩子对诱人的棒棒糖留恋不舍时，父母可以对孩子说："你看，外面的小朋友在玩什么呢？玩得那么开心，走，我们过去看看！"孩子的注意力往往不持久，容易被新鲜事物影响，经过这样一番引导，他的注意力就很容易从棒棒糖转移到小朋友身上。

如果孩子能和外面的小朋友一起玩，他就会暂时忘掉棒棒糖，甚至回到家后也一时想不起来，即使想起来了，吃掉它的意愿也不会像之前那样强烈了。在这个过程中，孩子等待的时间就会显著增强，他的忍耐力、自控力也在延迟满足中不知不觉得到了提高。

4

孩子做事不专注怎么办

经常有父母抱怨孩子："吃饭不专心，一顿饭吃一个小时。""起床太磨蹭，穿衣服太慢。""做作业不认真，时而东张西望，时而看漫画书，时而喝水，时而上洗手间。"这些现象是由多种原因造成的，比如孩子不会管理时间、注意力难以集中等。为了帮孩子纠正这些不良习惯，父母有必要给孩子设定完成时限，以提高孩子的专注度和自控力。

设定完成时限就是在孩子做一件事之前，明确地告诉他你希望他在多长时间内完成，如果完不成将会受到什么惩罚。有两个关键问题值得父母注意，一个是"多长时间"，一个是"受到什么惩罚"。

◎ 关于时限的问题

2 ~ 7 岁的孩子注意力集中的时长不同，多数孩子的时长在 15 ~ 20 分钟。

因此，父母设定的完成时限既要结合孩子所做的事情的难易程度而定，也要结合孩子的注意力水平而定，这样对孩子才有约束力。

◎ 关于惩罚的问题

惩罚绝对不是体罚。惩罚的方式有很多种，可以是取消孩子晚上看动画片的权利，也可以是取消陪孩子去游乐园的计划。总之，惩罚要对孩子构成威慑力，这样才能驱使他专注、努力地完成一件事情。

有些父母采取给孩子设定完成时限的办法之后，发现孩子依然没有改正拖延的毛病。造成这种后果的原因也许不是孩子不够专注，而是时间观念不强。比如，父母告诉孩子："你必须在 10 分钟内画完这幅画。"可是孩子对"10 分钟"完全没概念，结果花了 15 分钟才画完。这个时候，父母如果批评孩子、惩罚孩子，孩子会感到很委屈。为了避免这种情况，父母有必要在平时培养孩子的时间观念。

刘先生说，5 岁的儿子每次洗澡时，如果不提醒他洗澡的时间，他可能在卫生间磨蹭好久才出来。有时候家人要上厕所，可孩子在里面还没结束洗澡，从而造成诸多不便。刘先生意识到，需要提高孩子的时间观念了。

后来，刘先生规定孩子每次洗澡只能洗 10 分钟。10 分钟过后，如果孩子还不出来，就给他停水。而且不给闹钟，让孩子自己估计时间。这样，孩子就会去思考一个问题——10 分钟大概有多久。在洗澡的时候，孩子就会不断地提醒自己快一点，否则过了时间就会停水，到那时身上的肥皂沫还没洗干净，就会很狼狈。

当孩子洗完澡出来，刘先生会问他："你知道你刚才洗澡用了多长时间吗？"如果孩子答对了，他会赞扬孩子时间观念强、估得准。

吃饭时也一样，刘先生规定孩子必须在20分钟内吃完，如果没吃完，直接收走碗筷，不让再吃了。吃完饭后，刘先生会问孩子："你知道刚才你吃饭用了多少时间吗？"看看孩子的估计时长与实际用时相差多少。

通过这样的训练，孩子的时间观念增强了许多。刘先生每次给孩子规定的完成时限，孩子基本上都能做到按时完成。

一个孩子的时间观念强不强，做事情专注不专注，自控力强不强，并不是只表现在学习上。我们见过太多的父母，一味地强调孩子做作业慢、看书慢，却不知孩子在生活中也有类似的问题。而对于这类问题，他们似乎不那么关心。其实，父母在培养孩子的时间观念和专注力时，最应该从日常生活中入手，就像刘先生那样。这样，孩子自然会慢慢学会如何把控时间。

如果孩子在规定的时限里完不成任务，应该受到相应的惩罚。反过来，如果孩子在规定的时限里完成了任务，则应该获得相应的奖励。奖励可以是一件礼物，也可以是孩子自由支配的一段时间。这样，孩子才会觉得专注做一件事情是值得的。

一位妈妈说，以前她总是催促女儿快点做功课，结果总是换来女儿的反问："为什么要快点做功课呢？"有一次，她告诉女儿："如果你在规定的时间内写完作业，剩下的时间你可以做自己想做的事情。"一开始女儿并不相信，但妈妈说话算话。这让女儿感受到了"专注做功课是值得的"。慢慢地，女儿不用妈妈催促就很自觉地在规定的时间内完成功课，然后兴致勃勃地做她想做的事情。

　　父母错误的做法是，当孩子在规定的时限内完成了一件事后，又让他去做另一件事。孩子会沮丧地认为："做那么快干什么？反正快点儿做完我也不能做自己想做的事情。"于是，孩子就会想办法磨蹭。这样一来，孩子反而变得更加拖拉。因此，父母一定要避免这样做。

5

❀

5招提升孩子的专注力

　　喜欢玩游戏是孩子的天性。在培养孩子专注力的时候，如果父母能够和孩子一起玩游戏，孩子将会表现出空前高涨的积极性。在兴趣和乐趣的双重影响下，孩子的专注力就会不断提高。

　　下面我们就来介绍5种适合父母与孩子一起玩的、为培养孩子专注力而设计的亲子游戏。在游戏过程中，父母应该调整自己的言行举止，与孩子形成良好的互动。在互动过程中，父母可以多与孩子分享游戏的经验和快乐的感受，以提高孩子的兴趣。

◎ 游戏1：戴帽子

　　这是一种配对游戏。父母把各种空塑料瓶的瓶盖取下来，把瓶子放在一边，把瓶盖放在另一边，然后让孩子把瓶盖正确地"戴"在瓶子上。这个游戏适合父母和 2 ~ 4 岁的孩子玩。由于这个年龄的孩子认知能力有限，父母最好挑选瓶盖大小相差较大的瓶子，以降低游戏的难度，提高孩子的兴趣。

◎ 游戏2：托乒乓球

父母把乒乓球放在球拍上，让孩子用手托着拍子走，保证乒乓球不掉下来。一开始，孩子不够熟练，能托着球拍围着桌子走一圈就算成功。孩子熟练后，父母可以在旁边"捣乱"，比如大喊大叫、拍桌子、跺脚等，要保证不触碰到孩子的身体。孩子为了成功完成游戏，就不得不集中注意力，努力保持镇定和身体平衡。

◎ 游戏3：猜扑克

这个游戏的玩法很简单：父母取三张不同的扑克牌，随意地排列在桌子上，然后选出一张要孩子记住的扑克牌，如梅花 2，让孩子盯住这张牌 5 秒钟，然后把三张扑克牌倒扣在桌子上，不断地变换三张牌的位置，最后让孩子猜出哪张扑克牌是梅花 2。

玩这个游戏的时候，父母可以和孩子轮流更换角色。随着孩子专注力的提高，父母可以不断地增加游戏的难度，更有效地锻炼孩子的注意力和快速反应能力。比如，将扑克牌的数量从 3 张逐渐变为 4 张、5 张、6 张。在变换扑克牌的位置时，速度也可以越来越快。

◎ 游戏4：背号码

这个游戏的玩法也很简单：父母把一串号码写在纸上，让孩子看 10 秒钟，然后让他背出这串号码。

父母可以从让孩子背电话号码开始，然后再背随意写下的一串数字，以提升记忆的难度。孩子记了一遍、背了一遍之后，父母也应该记一遍、背一遍，交换着玩。为了保持孩子的积极性，父母还可以偶尔假装记错了，让孩子获得一些优越感。

◎ 游戏5：开火车

游戏的具体步骤是：父母和孩子围着坐成一圈，每个人都是一座"车站"，当"火车"通过时，报上站名和下一站的名称。比如，爸爸是"北京站"，妈妈是"武汉站"，孩子是"广州站"。爸爸拍手喊："北京站的火车就要开了。"大家一起拍手喊："往哪里开？"爸爸拍手喊："往武汉站开。"接着是妈妈说，然后是孩子说。

如果家里有老人，一起参加游戏会更好。车站越多，越能锻炼孩子的注意力、反应能力、逻辑思维能力。

4

巧立规则
规矩是无形的陪伴

无规矩不成方圆。在孩子2~7岁阶段，父母要重视培养孩子的规矩意识，使孩子形成自律意识，成为一个有自我约束、自我管理能力的人。在给孩子立规矩时，父母应该给孩子爱与自由、让孩子感受到父母的尊重。这样孩子才会愉快地接受，自觉成长。

1

定了规矩，孩子不遵守怎么办

出门之前，明明和孩子说好了不买零食、玩具，可一进商店，孩子就攥着糖果、玩具不放手；明明和孩子讲好了只玩 10 分钟，可是时间到了之后，孩子却闹着再玩一会儿；明明和孩子定好了写作业的时间，可是孩子总要拖到很晚……面对这些情况，父母往往心头一软："孩子还小，就迁就他一次吧！"就这样，父母与孩子定好的规矩被孩子轻易推翻了。

一般来说，父母跟孩子定规矩，往往会出现下面 3 种情况：

第一种情况是：父母强，孩子弱。父母给孩子定规矩的意思是："我说的你必须听。"在这种情况下，定的规矩多为命令式的禁止——晚饭前不准吃糖、9 点以后不准看电视、晚上不能喝饮料、下雨天不准出去玩……孩子被迫服从。

第二种情况是：孩子强，父母弱。父母虽然和孩子定好了规矩，可只要孩子反抗，父母就会放弃执行规矩。父母放弃的不仅是执行规矩的权利，更是纠正孩子不良行为的责任。

第三种情况是：父母与孩子商量着定出规矩。这种模式强调在一定条件下，孩子能做什么事情、不能做什么事情，比如"在家人休息的时候，你要安静地玩""今天外出，你可以喝一瓶饮料""见到长辈要问好"。

显然，前两种模式都不利于父母帮助孩子建立规矩意识，这两种模式定下的规矩都很容易被孩子推翻。第三种模式才是理想选择，在这种模式下，父母怎样跟孩子定规矩，孩子才会自觉遵守呢？

◎ 定的规矩必须是孩子能做到的

父母不能以大人的行为能力来要求孩子，而要从孩子的行为能力出发。让孩子感受到尊重，孩子才会乐意去遵守，甚至挑战自己的行为能力。比如，有些父母上班的路途比较远，需要早上五六点就起床，于是要求孩子像自己一样晚上 11 点睡觉、早上 6 点起床，这就不合理，因为这不符合孩子生理发展的需要。一般来说，孩子需要保证每天有 8 ~ 9 个小时的睡眠时间。

◎ 定的规矩一定要简单易懂

2 ~ 7 岁孩子的理解能力、执行能力都不强，给他们定规矩本来就是一件有挑战性的事情，如果规矩很复杂，孩子又岂会自觉遵守？为了让孩子明白规矩的用意，父母最好与孩子平等协商，耐心地给孩子解释，而不是粗暴地对孩子说："我叫你怎么做，你就怎么做，别废话那么多。"同时，父母要把孩子不遵守规矩的后果说出来。比如，孩子不好好吃饭，父母可以和他说："以后吃饭要在 30 分钟内完成，时间到了妈妈会把你的饭碗端走，到时候你就要饿一顿了。"

◎ 定的规矩不能朝令夕改

在给孩子定规矩时，父母一定要慎重，切不可今天定了规矩，明天觉得不好就改掉。这会让孩子觉得连父母都不尊重规矩，自己又何必那么认真？当然，如果规矩有不合理的地方，父母在修改前可以和孩子商量："爸爸妈妈认为，这个规矩这样定更合理，你认为呢？"这样比较能赢得孩子的认同。

◎ 定下规矩后，家里家外的执行力度要一致

有些父母给孩子定规矩后，在家里与在外面的要求不一致。比如，不允许孩子在家随地吐痰，但孩子在外面随地吐痰却视而不见；比如，心情不好的时候，孩子不守规矩会被严厉斥责，但心情好的时候，孩子不守规矩却被默许。这显然有损父母和规矩的威信。父母在定规矩时，一定要清楚地告诉孩子："无论何时何地，这个规矩都必须遵守。"当孩子没有遵守时，父母应及时提醒孩子注意，并按规矩内的约定给孩子相应的处罚。

◎ 父母给孩子定规矩也是给自己定规矩

在给孩子定规矩时，父母不要以一种"置身事外"的心态来对待，认为规矩是给孩子定的，自己可以不遵守。这种想法会让孩子觉得不公平，孩子会想："为什么要我不能打扰别人，而你们却总是打扰我？为什么要我遵守交通灯指示，而你们却闯红灯？"父母在给孩子定规矩的时候，一定要告诉孩子："这条规矩是我们都要遵守的。"而且要说到做到，为孩子做好表率，通过言传身教增强孩子的规矩意识。

2

❀

如何让孩子做事有计划

    对于 2 ~ 7 岁的孩子来说，父母可以让他们做一些力所能及的家务。在孩子年龄较小的时候，父母可以向他们发出单一的指令："爸爸希望你把这个盒子扔到垃圾桶里。""妈妈希望你把碗放到厨房的水池中。"这种简单的指令孩子比较容易记住，也比较容易执行。

    对于年纪稍大的孩子，父母可以给他们安排多项任务。为了防止孩子忘记、遗漏，父母有必要和孩子一起列出任务清单，然后让孩子逐个完成任务。王先生在这方面就做得很好，为了让女儿完成多个学习任务，他是这么做的：

    王先生把 6 岁的女儿叫到跟前，拿出一个本子、一支笔，然后对女儿说："你已经上学前班了，有些学习任务应该在家里完成，这样你才能学到更多知识，你认为好不好呢？"在得到女儿的赞同后，他和女儿一起商量每天的学习任务，并列了一个任务清单：

（1）每天放学回来，第一件事是完成老师布置的作业；

（2）接着，背下 5 个英文单词；

（3）听读一篇课文，并听读三遍；

（4）做一道数学题。

这个任务清单对于 6 岁的孩子来说并不会造成压力，因此王先生的女儿完成得很好。

王先生的这种做法值得我们学习。在帮孩子列任务清单时，可以先来一场"头脑风暴"，和孩子坐在一起，拿出纸笔，把各自想到的这段时间内孩子要做的事情逐一写下来，然后再按照轻重缓急的顺序排列出来。

父母除了帮孩子列学习任务清单，还可以列家务清单，通过让孩子做家务来培养孩子的家庭责任感、生活自理能力。比如，到了周末，父母可以和孩子列出一份家务清单：

（1）抹桌子——包括饭桌、茶几、电视柜、凳子等；

（2）扫地——包括客厅和房间，并把垃圾扫到垃圾篓里；

（3）下楼倒垃圾——把垃圾拎到楼下，扔进垃圾桶。

随着孩子逐渐长大，父母可以让孩子独立列出任务清单。比如，周末大家外出活动，要逛街、去郊外看风景、吃大餐。父母可以引导孩子排个先后顺序：先做什么，后做什么，为什么要这么排序。这样可以很好地培养孩子的逻辑思维和做计划的能力。

在和孩子一起列任务清单、让孩子独立列任务清单时，父母都应注意这样几点：

◎ 给孩子提供选择的权利

如果孩子年龄较小，你给孩子提供任务清单后，可以让孩子从中选择一两项他最感兴趣的去做。这会让他感到自己有选择、控制的权力，从而自觉地为自己所选择的任务去努力。

◎ 把任务细致化，并给孩子做示范

一些任务如果表述模糊，孩子可能不知道从哪些方面着手，比如"把房间收拾好"。父母最好把这个任务细化一下，比如先把玩具归类，放在固定的位置，然后把被子叠整齐，再把书摆放整齐，最后把地拖一下。通过这样的细化，孩子就很清楚该怎么去做了。

◎ 忘记"完美主义"

对于 2 ~ 7 岁的孩子来说，积极参与比结果更重要。如果孩子洗的袜子不够干净，擦的桌子不够亮，你最好不要去批评他，因为这很容易伤害孩子的自尊，打击孩子的积极性。你不妨多给孩子一些鼓励，激励孩子以后做得更好。

3

---❀---

孩子被"自然惩罚"是坏事吗

　　和孩子定好规矩之后，孩子难免有故意不遵守的时候，或者干脆忘记了规矩。比如，你带孩子过马路，遇到红灯时，孩子忘了"不准闯红灯"的规矩，根本没有停下来的意思。这时，你应及时提醒孩子，让他约束自己的行为。

　　在提醒孩子遵守规矩时，父母应该表现出对孩子尊重的态度，最好面对面和孩子说话，叫他的名字，眼睛看着他，用温和而坚定的口吻直接告诉他怎么做。例如，对孩子说："妈妈希望你遵守交通规则。""请你马上把玩具收起来。"而不是对孩子说："怎么不看红绿灯啊？""可以把玩具收起来吗？怎么不长记性？"这些话容易让孩子感觉不到尊重，容易激发孩子的逆反情绪。

　　除了对孩子表达尊重，提醒的内容也很有讲究。在提醒孩子应该怎样做之后，如果孩子的自律意识没有被唤醒，父母可以把好的和坏的结果都告诉孩子，给他提供了两个选择：如果你守规矩，会有什么好的结果；如果你不守规矩，将会受到什么样的惩罚。比如："你是想一个人去房间闭门思过呢？还是想在这里和我们一起吃饭？"

经常有父母在孩子不守规矩时这样提醒孩子："你再不听话，我就要动手了。""你就等着挨揍吧。"可是他们只是说一说，当孩子继续不守规矩时，他们没有任何行动。这样一来，父母的提醒就没有任何意义了。

当然，我们不提倡父母用吼叫的方式来提醒孩子，更不提倡父母用打骂惩罚孩子不遵守规矩。父母不妨先这样提醒孩子："如果你不守规矩，今天晚上的看电视时间将被取消。""你违反了我们的约定，明天将负责打扫卫生间。"孩子一旦不遵守规矩，你要坚决维护规矩。为了向孩子表明你对事不对人，在执行规矩时应该做到就事论事，语气平和，不要有情绪。

虽然规矩不能被轻易打破，但有时候，父母可以故意让孩子体验一下不良后果。

夏女士曾规定女儿每天不能吃两次冰激凌。她多次告诉女儿："吃多了会肚子不舒服。"但女儿不理解，不相信。

有一次，夏女士在提醒女儿不要再吃冰激凌后，见女儿不听，就依着她，让她吃了两次冰激凌。结果不一会儿，女儿就开始说肚子难受。这时夏女士告诉女儿："这就是吃多了冰激凌的后果。"从那以后，女儿再也没有要求过一天吃两次冰激凌了，甚至有时一天也不吃一次。

这个例子中的孩子就是在体验到不守规矩带来的自然惩罚后，提升了自律意识。所谓自然惩罚，就是父母不给孩子外在的惩罚，而是让孩子体验不良行为所带来的不良后果，这样孩子才能明白要对自己的行为负责，从而自觉地控制自己的不良行为。

4

❀

孩子屡教不改怎么办

　　2 ~ 7 岁的孩子由于自律意识差，自控力弱，可能会屡教不改，不断打破规矩。为了帮他们了解遵守规矩的重要性，培养守规矩的习惯，父母可以在第一次提醒无效后，给孩子一张"红牌"。

　　我们知道，在足球比赛中，当场上的球员有重大犯规时，裁判往往先会对他出示黄牌，黄牌意味着警告。如果他继续犯规，那么裁判会向他出示红牌。确切地说，是再次出示黄牌，累积两张黄牌，等于一张红牌。红牌意味着球员被罚下，失去了继续比赛的机会。

　　其实，在培养孩子的规矩意识时，父母也可以借鉴这种做法。在提醒一次无效后，第二次就给孩子出示"红牌"。这意味着孩子将要接受惩罚，而且不能继续做正在做的事情。当孩子品尝到自己的不良行为带来的后果后，往往会自觉约束不良行为。

在这里，我们需要强调：惩罚不等于体罚。有不少父母在孩子不守规矩后，对孩子采取打骂教育。结果，孩子确实听话了，但孩子的自尊心受到了伤害。在一次又一次的体罚中，孩子的内心埋下了恐惧、愤怒和暴力的种子，孩子意识到：一切问题都可以用暴力来解决。在这种情况下，孩子很有可能产生暴力心理和暴力行为。

那么，对于 2 ～ 7 岁的孩子来说，到底什么样的惩罚才是合适的呢？在惩罚孩子时，父母又该注意什么呢？

◎ 惩罚一定要及时，否则会失去意义

如果父母等孩子把自己不守规矩的行为忘得差不多时，再来惩罚孩子，孩子有可能觉得莫名其妙，不知道自己做错了什么，这样惩罚就会失去原本的意义，而且规矩的威信会大减。

◎ 大人的态度要一致，否则会让孩子钻空子

面对孩子不守规矩的行为，父母应该保持一致的立场和态度。我们经常看见这种情形：爸爸要严惩孩子，妈妈却在替孩子求情；或爸爸妈妈要严惩孩子，而爷爷奶奶却在替孩子求情。孩子是很聪明的，当他发现父母的意见不一致时，就会向替他求情的人靠拢，以寻求庇护。因此，大人之间应该达成一致的态度，切不可产生意见分歧。

◎ 惩罚一定要坚定，轻易放弃会让孩子心存侥幸

在惩罚孩子的时候，面对孩子的反抗，父母切勿向孩子妥协，对孩子说："下不为例，这次就饶了你"。要知道，父母轻易放弃会让孩子觉得：原来不守规矩也没事，反正爸爸妈妈爱我，会心疼我。

当然，坚定地执行惩罚，并不意味着父母要对孩子大吼大叫，对孩子拍桌子、瞪眼睛，以一副冷酷的形象出现。父母完全可以控制好自己的情绪，保持心平气和，表情轻松、语气温和地扮演"审判长"的角色。

5

自由的家庭氛围有多重要

在电影《国王的演讲》中，乔治五世的次子阿尔伯特是一个严重的口吃患者，7 岁时就有口吃的现象。为什么会这样呢？这恐怕要从他的成长环境去分析。从某种程度上说，是乔治五世和周围人对他的态度，加剧了他的口吃。

乔治五世对孩子的要求非常严格。刚开始，阿尔伯特由于紧张，说话偶尔有不顺畅的表现。乔治五世每次总是冲着他大喊："说啊，说啊！"阿尔伯特是个左撇子，但却被乔治五世逼着用右手写字；阿尔伯特有 O 型腿，结果被乔治五世强迫绑上腿型矫正器……乔治五世的严格要求让阿尔伯特完全感受不到自由。阿尔伯特逐渐失去了自信，导致口吃更加严重，最后发展到无法与人正常交谈的程度。

对孩子来说，自由意味着父母尊重他的个性，接纳他的缺点和不足，给他充分的赏识和鼓励，给他做决定的权力。生活在自由氛围下的孩子，才能充分地独立自主，并对自己的决定负责。这种负责的态度，正是孩子自律意识的强大驱动力。

莉莉4岁的时候，爸爸带她去地中海旅游。这天，他们去爬山，当爬到一半时，有个本地人给他们指了一条近路。其他游客得知这条近路后，纷纷往那条路走去。但是莉莉不肯走近路，爸爸并没有强迫她，只是对莉莉说："我支持你选择的路，我希望你能自己爬上山顶。"然后，爸爸拴紧背包带子，牵着莉莉的手继续往上爬。

自由的家庭氛围是孩子自律意识发展的沃土。这一点我们可以从很多家庭中看到：父母越是对孩子宽松，孩子的自律意识越好；父母越是对孩子严格，孩子的叛逆心理越强烈，长大后越不容易管住自己。这是因为孩子从小习惯了由外力来管束自己，当他们长大后，脱离了父母的管束，就很容易放纵自己，这种放纵是自控力最大的敌人。

培养孩子的自控力，最好的办法是给孩子营造宽松的环境。而要做到这一点，父母务必遵循以下3个原则：

◎ 原则1：要轻松、民主、自由，不要高压、专制、独裁

很多父母害怕自己在家里没有威信，经常表现出蛮横和专制。他们对孩子常说的一句话就是："你必须听我的。"他们认为，如果孩子不听自己的话，

那就乱套了。殊不知，如果父母在孩子面前表现强势，孩子就容易形成服从型人格。孩子在小时候也许会崇拜父母，但长大后就会奋力反抗父母。

父母要求孩子必须听从命令，就等于给孩子画了一个框，限制了孩子的自由发展。为了孩子身心健康成长，父母要给孩子轻松、民主和自由的家庭环境，让孩子发现自己的力量，成为更好的自己。

◎ 原则2：每个家庭成员都是平等的，都有自己的尊严

很多人认为，2～7岁的孩子是什么都不懂的"小屁孩"，不需要给他太多的尊重和权利，否则孩子会养成桀骜不驯的性格，长大后不好管教。于是，他们经常当众教训孩子，甚至说孩子是"猪"，骂孩子"笨"。然而，这种想法和做法是错误的。父母都希望自己的孩子自信、勇敢、独立、机智，但当你说孩子是"猪"、骂孩子"笨"的时候，孩子感受不到尊重，怎么可能自信起来呢？

父母尊重孩子，孩子才会找到自己在家庭中的位置，获得独立的人格和成长的力量。所以，别以为2～7岁的孩子还小，其实你的言行一直都在影响孩子，他会看在眼里、记在心里。家庭成员相互尊重，才是给孩子的最好的教养。

◎ 原则3：尊重孩子的个性差异和成长规律

"橘生淮南则为橘，生于淮北则为枳"，每个孩子的体质、性格、天分都是不一样的，父母没必要去追求"放诸四海而皆准"的教育秘籍，也没必要因为别的孩子优秀而打击自己的孩子。父母要尊重孩子的个性差异和成长规律，给孩子营造自由和宽松的环境，让孩子快乐成长。

细节式陪伴

用小事培养孩子的自理能力

2～7岁的孩子独立意识越来越强，父母应该抓住这个阶段，教孩子基本的自理能力，如按时起床、每天刷牙、专心吃饭、勤做家务、按时洗澡、按时睡觉等。这可以逐渐提高孩子的自理能力，让孩子在幼儿园、学校中懂得照顾好自己，父母也会更放心。

1

❀

孩子喜欢赖床怎么办

有一位妈妈希望孩子每天早上7点起床，因为她7点半要去上班，可以顺道把孩子送到幼儿园。她几乎每天早上都在厨房大声喊："到时间了，起床啦！""上学要迟到啦！"至少要喊五六遍，孩子才肯起床。这时往往已经7点15分了，她只能急急忙忙地给孩子刷牙洗脸、穿好衣服，草草地给孩子喂几口饭，就匆匆忙忙出门去。

这种场景很多父母都不陌生。不管闹钟怎么响，不管父母怎么催促，孩子总是懒懒地躺在床上，迟迟不肯起来。父母都不愿意每天早上冲孩子大喊大叫，那么有什么办法可以轻松消灭孩子的起床气，让孩子自觉起床呢？

◎ 轻声呼喊、温柔抚摸，用爱唤醒孩子

幼儿教育专家通过研究发现，高强度、高频率的喊叫会在无形中加重孩子的生理负担，使孩子变得烦躁不安。专家指出，唤醒孩子的最佳做法是：让孩子在轻声呼喊、温柔抚摸中醒来，并且可以适当提早一点叫醒孩子。

比如，你希望孩子7点起床，在6点55分时就可以在孩子耳边轻声细语，同时轻轻按摩孩子的脊椎两边，直到把孩子唤醒。低强度、低频率的呼叫可以避免给孩子刺激；按摩脊椎可以激活孩子的免疫系统，消除孩子的疲劳，增强孩子的抵抗力。

◎ 播放音乐，引导孩子自然醒

对于爱赖床的孩子来说，引导其自然醒是上上之策。怎么引导呢？你可以在孩子起床前5分钟，播放孩子喜欢听的音乐和歌曲，最开始声音可以小一点，然后慢慢地增大音量。持续四五分钟后，孩子很容易自然醒来，醒来之后睡意也很容易消除。经常这样叫孩子起床，孩子一整天都会精神饱满、心情愉快。

◎ 转变思维定式，用表扬代替斥责

孩子爱赖床，很多父母总是予以斥责，说孩子是"懒虫"。这样的斥责多了、时间长了，孩子会形成思维定式，认为自己就是懒虫，于是更加不愿意起床。父母其实完全可以转变思维方式，用表扬代替斥责。当然，前提是降低对孩子的期望值，设定一个孩子能做到的起床时间，当孩子按时起床时给予表扬。比如，孩子平时要赖床11～12分钟才肯起床，那么就把起床时间设定为10分钟。一旦孩子按时起床了，父母要发自内心地表扬孩子。受到了表扬，孩子会更加积极。下一个阶段，父母可以把起床时间调整得更短一些。这就像

跳高，横杆调得太高，孩子自然跳不过去，当把横杆降低一点，孩子往往能轻松跳过。

◎ **控制午睡时间，别让孩子睡得过久**

睡午觉是个好习惯，但时间不宜过长，控制在 1 个小时左右，在 1 点至 2 点之间为宜。如果午睡时间太长，孩子到了晚上往往精力旺盛，不能早点入睡，导致睡眠不足。所以，在孩子午睡时，父母可以适时使用上面介绍的方法，把孩子叫醒。

◎ **以身作则，养成早睡早起的好习惯**

很多父母自己晚睡，玩手机、玩电脑、看电视、打麻将，却命令孩子早点睡觉。这既会让孩子抵触，也会影响孩子的睡眠质量，更会让孩子也养成晚睡的习惯。父母应该改变这种做法，以身作则，做个早睡早起的好榜样。

2

❀

孩子不爱刷牙怎么办

孩子 2 岁以后，乳牙基本长齐，刷牙显得尤为重要了，它对预防乳牙龋齿和各类口腔疾病很有帮助。通常情况下，孩子不会乖乖刷牙，表现为一边刷牙一边玩。有的孩子甚至拒绝刷牙，表现出强烈的抗拒心理。为此，很多父母深感苦恼。

女儿 3 岁时，方女士开始培养女儿刷牙的习惯。她和女儿定下规矩："每天起床后，应该先刷牙、后洗脸；晚上睡觉前，也应该先刷牙、后洗脸。"可是，女儿早上起床时总是忘记刷牙。有时候方女士会提醒女儿，这时女儿总是表现出不情愿；有时候方女士忙于准备早餐，就忘了提醒。因此，过了很长一段时间，女儿还是没养成早晚刷牙的习惯。方女士很烦恼，不知道该怎么办？

方女士遇到的情况，相信很多家有 2 ～ 7 岁孩子的父母都遇到过。其实，孩子不爱刷牙的问题，具体表现为 3 种情况：

（1）孩子不肯刷牙，不愿意刷牙——缺乏兴趣；

（2）孩子不会刷牙，不知道怎么刷牙——缺少技巧；

（3）孩子不认真刷牙，一边刷牙一边玩——缺少专注力。

对于这 3 种情况，我们可以采取有针对性的教育策略。

◎ 孩子不肯刷牙：编故事激发孩子的兴趣

当孩子对刷牙缺乏兴趣时，很多父母会给孩子讲一大堆道理，比如刷牙不会生病、刷牙是讲卫生的表现……可是，对于 2 ～ 7 岁的孩子来说，讲这种大道理是没有多大意义的。正确的做法是通过编故事的方式，激发孩子刷牙的意愿。

一位父亲回忆说："儿子不爱刷牙，让我头疼。一天，我从一个朋友那里得到一段音频，上面讲：一个孩子不爱刷牙，后来长了很多蛀牙，小朋友们都不喜欢跟他玩。之后，在医生的帮助下，蛀牙问题被治好了。从此，这个孩子养成了每天早晚刷牙的习惯。我觉得这个故事挺好，就放给儿子听，儿子听了受到了影响。从那以后，他开始主动要求刷牙。"

为了让孩子对刷牙产生更大的兴趣，父母在教孩子刷牙之前，可以从购买牙刷、水杯、牙膏等方面入手。父母可以带孩子去逛商场，让他自己挑选刷牙用具。那些带有动物图案的、颜色鲜亮的刷牙用具，最能激起孩子的兴趣。

◎ 孩子不会刷牙：给孩子示范刷牙技巧

2～7岁的孩子学习能力、动手能力有限，对于刷牙这件事，他们往往掌握不到要领。因此，父母需要耐心地给孩子做示范，教孩子刷牙的基本方法。比如，早上刷牙的时候，父母可以给孩子挤好牙膏，让孩子模仿自己来刷牙。如果孩子做不到，父母可以手把手地教孩子。当孩子刷牙之后，父母可以适当地称赞一下孩子，强化孩子对刷牙的兴趣。

◎ 孩子不好好刷牙：通过竞赛方式培养孩子的专注力

有些孩子不是不会刷牙，也不是不肯刷牙，而是因为注意力不集中，在刷牙的时候不认真，一边刷牙一边东张西望，或者含着牙刷跑出洗手间，父母不得不追着孩子刷牙。对于这种情况，父母其实可以通过竞赛的方式来激发孩子刷牙时的专注力。比如，一家三口一起刷牙，看谁刷得又快又干净，看谁刷得最认真、最彻底，获胜者可以得到一定的奖励。奖品可以是一朵小红花，可以是一粒糖果，可以是满足一个小小的愿望。这样就很容易激起孩子的积极性和专注力。

值得注意的是，为了保护孩子的积极性，父母可以多让孩子成为获胜者，给孩子一些奖励。但也应该偶尔让孩子输一下，让他明白输赢是正常的，这对培养他的抗挫折能力是很有帮助的。

3

❀

孩子不爱吃饭怎么办

对于 2 ~ 7 岁的孩子来说，吃饭是一件令父母头疼、抓狂甚至愤怒的事情。我们经常见到这样的情景：孩子吃饭磨磨蹭蹭，父母唠唠叨叨地催促。有些父母见孩子不好好吃饭，会端着饭追着孩子喂。有些孩子只吃饭、不吃菜，或只吃肉、不吃素菜。这些偏食的行为让父母感到担忧，他们害怕孩子吸收的营养不均衡，不利于身体发育。

育儿专家认为，孩子不好好吃饭，原因不在于孩子，而在于父母喜欢给孩子喂饭，这话一点儿也不假。很多孩子两岁多了，父母还在给他们喂饭。也许你会问："不给孩子喂饭，孩子就不吃。孩子不吃饭，身体怎么受得了呢？"这种担忧其实完全没必要。要知道，人都有保护自己的本能，饿了自然想吃东西，孩子当然也不例外。

4 岁的涛涛每次吃饭都让全家人闹心。为了能让他多吃一点儿饭，一家人连哄带骗，什么招都用了。然而半年下来，涛涛的体重一直不见长，只有 30 斤，和 3 岁孩子的体重差不多。

涛涛的家人没办法，只好带他去医院，请医生支着。医生见到涛涛后对他说："小朋友，从今天开始，我们不吃饭了好不好？如果谁逼你吃饭，你就来告诉我，我来批评他。"

涛涛一听就乐了，马上说"好"。一旁的涛涛妈妈可不答应，忙问医生："孩子不吃饭怎么行，要是把孩子饿出毛病来了，谁来负责？"

医生笑着说："你要相信我，我这是在帮孩子养成良好的吃饭习惯。只要你保证孩子每天能喝水，小便正常就行了。饿一顿、两顿甚至三顿，对孩子来说没什么，他饿了自然知道吃东西。"

涛涛回到家，父母把他的零食都收了起来，到了饭点就喊他吃饭。如果他不吃，父母也不会逼他。大家吃完饭就把碗筷收了，不再等涛涛。

刚开始的一两天，涛涛果真扛得住，不吃饭，自顾自地玩。可是到了第三天早上 5 点多，涛涛就饿醒了，但却找不到吃的。尽管他哇哇大哭，但是家人不理会。等到 7 点，妈妈才起来做早餐。那顿早餐，涛涛吃得特别香。

就这样，半个月后，涛涛养成了按时吃饭的习惯，并且不再需要父母催促和喂饭。两个月后，涛涛的体重增加了 3 公斤。

通过让孩子饿几顿的方法，很容易让孩子养成自己吃饭的好习惯。当然，光靠这个方法是不够的，父母还需要注意以下几点：

◎ 注重饮食规律，做到按时吃饭

孩子为什么到了饭点却不认真吃饭呢？很重要的一个原因是孩子平时吃饭没有固定时间，导致他们到了饭点根本不饿，没有食欲，当然也就吃不下或不好好吃。因此，父母平时一定要注重培养孩子的饮食规律，切不可孩子想吃就给他吃。对于 2 ~ 7 岁的孩子来说，最好的饮食规律是"三餐两点式"。"三餐"就是早中晚三顿正餐，"两点"就是两顿正餐之间的点心，比如上午10 点左右、下午 3 点左右，让孩子各吃一次点心。点心不宜多吃，一袋牛奶、两小块面包、一份水果即可。

◎ 规定用餐时间，做到过时不候

很多孩子吃饭磨蹭，一顿饭可能要吃 1 个小时。对于孩子的这种毛病，父母最好的应对策略就是规定用餐时间，做到过时不候。比如，规定一顿饭的时间为 30 分钟，如果时间到了，孩子还没有吃完，就要求孩子停止吃饭。有了几次这样的经历，孩子下次吃饭就会自觉地加快速度。当然，每个孩子吃饭的时间是不同的，有快有慢，父母要根据孩子的具体特点制定合适的用餐时间。一般来说，2 ~ 7 岁的孩子吃一顿饭，有 20 ~ 30 分钟的时间就够了。

◎ 从小建立规则，帮孩子养成吃饭的规矩

吃相能看出一个人有没有教养。对于 2 ~ 7 岁的孩子来说，父母在培养他们吃饭的规矩时，务必注意以下几点：

（1）要求孩子吃饭只能在餐桌上进行；

（2）不要在餐桌上摆放容易分散孩子注意力的玩具或其他东西，不允许孩子一边吃饭一边玩玩具。如果孩子不听话，就让他要么放弃吃饭，要么放弃玩玩具。

（3）吃饭的时候关掉电视，不允许孩子看电视，听也不行；

（4）吃饭的时候父母不要玩手机，不要端着饭碗到处走，避免给孩子带来不好的影响；

（5）对于稍大一些的孩子，要求他吃完饭后把碗筷放到厨房水槽里。

◎ 控制好零食，保护好孩子的胃口

孩子之所以不爱吃饭，有一个很重要的原因是，孩子吃的零食太多。零食吃多了，尤其是垃圾食品，会严重影响孩子的食欲。因此，父母需要规定孩子每天吃零食的数量和时间。

◎ 注意营养搭配，避免孩子挑食

孩子不爱吃饭，挑食也是原因之一。因此，为了避免孩子从小就挑食，父母在做饭的时候，应该注重食物多样化和营养搭配。比如荤素搭配、有菜有汤，吃饭的时候引导孩子吃不同的菜，让他体验不同的味道，这对他积极吃饭很有帮助。

另外，在切菜的时候，可以把菜切成孩子喜欢的形状，再搭配各种色彩，比如红色的西红柿、黄色的南瓜、白色的山药，这样做出来的菜形状有趣、颜色鲜亮，会对孩子产生很强的吸引力。

4

孩子不爱上幼儿园怎么办

　　每到开学季，我们总能在幼儿园门前看到这样的景象：孩子不肯进幼儿园，抱着父母的腿哇哇地哭。父母眼里对孩子充满了不舍，有些父母心头一软，干脆把孩子抱回家去了。为什么孩子上幼儿园会哭闹呢？父母见孩子哭就把孩子带回家对不对呢？

　　其实，孩子在上幼儿园的头几天哭闹是很正常的。当孩子离开熟悉的人或环境，进入一个陌生的环境、接触陌生的人时，会产生强烈的不适应和焦虑感，这就是儿童心理学上常说的分离焦虑。

　　分离焦虑的常见表现有哭闹、烦躁、发脾气，这种情绪可能引起孩子生理上的不良反应，例如恶心、呕吐、腹痛、腹泻等。

　　当父母发现孩子不肯上幼儿园，又哭又闹时，首先不可大吼大叫，指责孩子不听话，而应该理解孩子，试着轻声安慰孩子，它远比吼叫甚至吓唬有效。此外，父母不应该依依不舍，更不应该把孩子抱回家，这会加重孩子的焦虑情绪。正确的做法是淡化分离焦虑，在幼儿园门口告诉孩子："幼儿园里有很多好玩的事情，你好好观察，回家讲给爸爸妈妈听，好不好呢？""你在幼儿园好好玩，下午妈妈会来接你的。"然后坚定地离开，哪怕孩子哭闹也不要回头。

理解孩子哭闹的原因、送完孩子坚定地离开，这是针对孩子产生分离焦虑时的应对举措，父母更应该做好提前预防，具体做法可以参考以下几点：

◎ 开学之前多带孩子熟悉幼儿园

在开学之前，父母可以多带孩子到幼儿园玩耍。幼儿园里有很多玩具、游戏器材，让孩子接触这些，有利于他对幼儿园产生熟悉感和好感。等到开学时，孩子哭闹的情况就会减少很多。如今，很多幼儿园报名都会提前半个月甚至一个月，目的就是让父母尽早带孩子去幼儿园适应新环境，让孩子对幼儿园的学习和生活产生美好的期待心理。

◎ 提前帮孩子调整作息时间

幼儿园的生活作息跟家里区别很大。在家里，孩子可以不睡午觉，但在幼儿园，孩子中午必须睡觉；在家里，孩子想什么时候玩都行，但在幼儿园，孩子有固定的上课时间、活动时间。鉴于这种作息时间上的差别，父母在孩子入园前半个月甚至一个月，就应该帮孩子适应幼儿园的作息规律。这样孩子进入幼儿园后，就可以轻松地适应幼儿园的生活和学习。

◎ 帮孩子在幼儿园找到归属感

刚进入幼儿园时，一切对孩子来说都是陌生的。所有老师和同学都是陌生的，所有摆设，比如吃饭、喝水的用具也都是陌生的，这种陌生感会让孩子感到拘束甚至害怕。要想减少孩子这种陌生感，父母可以帮孩子在幼儿园里找到归属感。比如，给孩子准备一些专属用品，如书包、水杯、毛巾、枕头和被子，甚至一两件孩子喜欢的玩具，让孩子从这些熟悉的物品上获得一些心理安慰。

如果条件允许，父母还可以让孩子跟隔壁的小朋友上同一家幼儿园。由于他们长期在一起玩，彼此很熟悉，很容易从对方身上找到安全感，这样孩子的分离焦虑就会减轻很多。

◎ 鼓励孩子在幼儿园多交朋友

2～7岁这一阶段，孩子要经历人际交往敏感期，对人际交往有强烈的意愿。幼儿园是一个集体，孩子在这里可以交到很多同龄的朋友。因此，父母可以鼓励孩子多与人交往，这对培养孩子的人际交往能力、孩子的性格发展都十分有益，而且有利于孩子克服分离焦虑。

◎ 经常跟孩子交流幼儿园的趣事

孩子上幼儿园之后，父母不妨多和孩子交流幼儿园里的趣事，比如问孩子："老师今天教什么了？""你认识了几个小伙伴？""你今天玩了什么游戏啊？"最好再和孩子讨论一下具体的情节，让孩子知道你很想听他讲幼儿园里的事情。这样孩子自然会认真地度过每一天，并把在幼儿园里的趣事记下来，回来讲给你听。

5

❀

该不该让孩子做家务

在孩子成长的过程中，你会发现：孩子天生是勤快的，他们喜欢动手尝试，对干家务往往乐此不疲。遗憾的是，这种优良的秉性往往被父母扼杀在摇篮中。很多父母爱子心切，在生活上几乎大包大揽，而对于家务，更是不让孩子接触，或因为担心孩子做不好，或觉得孩子有更重要的事情要做，比如学习。

事实上，让孩子做家务不仅能够保护孩子尝试的积极性、增强孩子做事的信心，而且能够培养孩子优秀的品质——家庭责任感，让孩子意识到自己是家庭的一员，有义务、有责任为家庭付出自己的努力。

哈佛大学的学者曾做过一项调查研究，得出一个惊人的结论：爱做家务的孩子与不爱做家务的孩子，成年之后的就业率是 15：1，犯罪率是 1：10。可见，培养孩子做家务的习惯，对培养孩子的动作技能、认知能力以及社会责任感都有十分重要的意义。

在美国，当孩子 3 岁之后，父母就会告诉他们："你有做家务的责任。"不同年龄的孩子，会被父母安排不一样的家务。下面有一个家务清单，从中我们可以看到美国父母对不同年龄的孩子有怎样的家务安排。

2 ～ 3 岁的孩子：在父母的指示下，把垃圾扔进垃圾箱，或在父母的请求下，帮父母拿东西，把衣服挂上衣架，自己使用马桶、牙刷，浇花，游戏结束后自己整理玩具。

3 ～ 4 岁的孩子：父母会更细致地要求他们如何自己刷牙、使用马桶、洗手，怎样收拾玩具、喂宠物，到门口取回地上的报纸，睡觉前和妈妈一起铺床，如拿枕头、被子等。饭后把饭碗放到厨房的水池里，帮妈妈把叠好的干净的衣服放回衣橱，把脏衣服放到专门的篮子里。

4 ～ 5 岁的孩子：不仅要熟练掌握前几个阶段的家务，还要独自去信箱取回信件；独立铺床；准备餐桌，如摆放盘子，放置刀叉；把洗好、烘干的衣服放回衣橱。父母还会教孩子叠不同的衣服，以及准备第二天要穿的衣服。

5 ～ 6 岁的孩子：不仅要熟练掌握前几个阶段的家务，还要帮忙擦桌子、铺床单、换床单、准备第二天上幼儿园要穿的衣服和鞋子，整理自己的书包，准备学习用品，收拾自己的房间，把乱放的东西放回原处。

6 ～ 7 岁的孩子：帮父母洗盘子、刷碗，能独立打扫自己的房间，包括擦桌子、拖地、整理房间、物品归位等。

7 ～ 12 岁的孩子：能做简单的饭菜，帮忙洗车，擦地，清理洗手台、厕所，扫院子里的树叶，扫雪，会使用洗衣机，把垃圾箱搬到门口的街道上，等等。

13 岁以上的孩子：能换灯泡，换吸尘器里的垃圾袋，擦玻璃，清理冰箱，清理灶台和烤箱，做饭，列购物清单，洗衣服，修理草坪，等等。

从这份家务清单中，你有什么启发？你会不会觉得自己的孩子太舒服了，根本不用做这些家务？你会不会觉得美国父母太狠心了，居然让小孩子做那么多事情？

无论你有怎样的想法，我们都不得不承认一点：爱孩子就要尊重孩子，尊重孩子的重要表现之一就是尊重孩子的天性，而孩子的天性之一就是通过劳动来发展他们的各项能力。所以，父母一定要给孩子探索世界的空间，给孩子动手做事的机会，这样孩子才会有你意想不到的表现。娇生惯养之下的孩子，永远也不能成为搏击风雨的"雄鹰"。

家务能让孩子独立成长，甚至是对孩子最好的奖励。有一所幼儿园的老师就很有想法，他们把劳动作为对孩子的一种奖励。比如，谁先吃完饭，就奖励谁打扫卫生。在老师的引导下，争相劳动，个个欢天喜地。父母也可以借鉴这种做法，从孩子两岁的时候开始，就对孩子实施这种奖励措施，这样会更容易培养起孩子爱劳动的习惯。

在给孩子分配家务时，父母要注意这样几点：

◎ 集体讨论，合理分工

父母可以经常与孩子一起召开家庭会议，鼓励孩子提出解决家庭问题的办法和处理琐碎家务的措施。大家还可以集体讨论，合理分工，让每个人各负责一些家务。这样可以在无形中培养孩子的合作意识和团队意识。想象一下，周末一家人一起大扫除，大家各司其职，其乐融融，这是多么美好的画面！

◎ 讲清步骤，量力而为

在给孩子安排家务后，父母可以把孩子要做的事情的具体步骤告诉孩子，最开始的时候，给孩子安排的家务应该简单一些，短时间内就可以完成。这样有利于保护孩子的积极性。当孩子不用花多少时间就能完成一件家务时，父母再及时予以肯定，就很容易激起孩子对做家务的自信心。

◎ 多赞扬成绩，少些挑剔

对于孩子所做的家务，父母千万不要以成人的眼光去挑剔，而应多给予表扬和鼓励，要把重点放在孩子做得好的一面，而不是总盯着孩子做得不够好的地方。在表扬孩子的时候，建议父母多给一些精神上的、语言上的表扬，少给孩子金钱、物质奖励，以免孩子错误地认为做家务是赚钱的途径，从而认识不到自身的责任感。

6
chapter

温柔陪伴
化解孩子的坏脾气

2~7岁的孩子正处于叛逆情绪爆发期，动不动就会发脾气。如果父母不能正确地引导孩子管理好情绪，不仅父母会觉得孩子很难管教，而且孩子会饱受坏情绪的折磨，度过一个没有快乐的童年。更重要的是，孩子长大后会深受情商低带来的困扰，影响将来的工作、生活。

1

孩子为什么总哭闹

孩子从出生那天开始，就有丰富的情绪，发脾气、哭闹是最常见的一种情绪。在 2 岁之前，孩子哭多与生理需要有关，一旦饿了、身体不舒服，他们就会哭。但 2 岁后，随着孩子逐渐进入叛逆期，他们的自我意识开始萌芽，又由于表达能力有限，因此当他们的需求未得到满足时，只能通过大哭大闹来表达情绪。

有些父母见孩子哭闹，就认为他们不听话、无理取闹，然后感到心烦意乱。其实，孩子哭闹的原因有很多，无理取闹只是其中一种原因。下面我们就来介绍孩子哭闹的常见原因，并提出应对办法。

◎ 原因1：孩子饥饿

2 岁多的孩子在肚子饿了之后，往往会发出声音较短的哭声，哭声长短均匀。与此同时，孩子会做出想吃东西的肢体动作，比如指着东西，说"饿了"。

针对这种哭闹，父母很容易安抚孩子的情绪，只要给孩子喂食，缓解孩子的饥饿感就可以让孩子的情绪好转。

◎ 原因2：孩子烦躁不安或孤独

孩子身处吵闹的环境中时，可能表现出不适应。比如，在拥挤的超市里，孩子就很容易感到烦躁不安。有些孩子不喜欢和父母逛超市，很可能是出于这方面的原因。再比如，灯光过于强烈、环境过于杂乱，也会引起孩子产生不良情绪。于是，孩子就会哭闹。

孩子在孤独的环境中同样会有不适的表现。比如，父母有事要出门，把孩子一个人留在家里。在出门的时候，你会发现孩子通常会大哭大闹。这一方面是由于孩子产生了分离焦虑，另一方面是孩子害怕孤独。

针对孩子因烦躁不安或孤独产生的哭闹，父母可以采取温柔安慰的策略来平复孩子的情绪，如给孩子拥抱、轻声地安慰孩子，然后想办法转移孩子的注意力。比如，在嘈杂的超市里，孩子哭闹时，父母可以把孩子的注意力转移到有趣的玩具、娃娃上。当父母要出门，不得不让孩子短暂地独处时，父母可以将孩子的注意力转移到他喜欢的玩具或动画片上，让孩子专注地做自己喜欢做的事情，这样也可以安抚孩子哭闹的情绪。

◎ 原因3：孩子太疲惫，想睡觉却被打扰

累了就睡是幼儿的本能反应，而且不需要太多的安抚，他们就能很快地入睡。可是有时候，当孩子表现出疲惫、想睡的意思后，比如打哈欠、揉眼睛，父母却没发现，依然逗孩子玩、播放节奏较快的音乐、大声地说话。这样一来，孩子就会烦躁，就会用哭闹来表达抗议了。

针对这种原因，父母最好的应对策略就是安静下来，消除环境中吵闹的因素，比如，调低电视的声音，降低说话的声音，让孩子去房间睡觉；还可以在孩子睡下后，轻轻地拍一拍孩子，让他尽快入睡。

◎ 原因4：孩子身体不舒服

当孩子感到身体不舒服时，也可能出现哭闹。比如，夏天频繁地被蚊子叮咬，孩子会变得烦躁不安，然后哭闹起来。又比如，父母给孩子穿的衣服过紧，让孩子感到了束缚，孩子也会烦躁。再比如，父母跟孩子玩耍时，动作较为粗鲁，不慎弄疼了孩子，也可能导致孩子哭闹。当然，孩子生病了，身体不舒服，也是孩子哭闹的原因。

父母应该尽快地了解孩子哪些地方不舒服。由于孩子表达能力有限，父母可以用选择性提问来问孩子："是身上不舒服吗？哪个地方不舒服呢？是肚子，还是头，还是眼睛？"在了解孩子不舒服的地方后，再有针对性地安慰孩子，消除孩子的不适感，以平复孩子的哭闹。

◎ 原因5：孩子遇到困难，又无力解决

有时候，孩子遇到困难，自己又无力解决，于是着急上火。为了赢得父母的同情，他们只好用哭闹的方式引起关注，比如不会画画，小朋友打他，小朋友不跟他玩了等，都可能成为孩子哭的原因。

针对这种情况，父母一定要明白一点：孩子哭的目的是引起成人的注意、同情和帮助，要求成人保护自己。父母在给孩子提供帮助的时候，一定要区别对待，切不可一味地替孩子解决问题。如果问题较为简单，父母可以提示孩子去解决。如果问题较难，父母可以给孩子建议和指导，这样可以给孩子独立解决问题的机会。

◎ 原因6：孩子的要求未得到满足

当要求没有得到父母的满足时，孩子往往以哭闹作为要挟的手段。例如，孩子要求喝酸奶，可是他刚才已经喝了一杯，于是妈妈拒绝了他的要求，结果他开始哭闹，哀求："给我喝嘛，给我喝嘛……"见哀求无效，孩子干脆躺在地上打滚。

针对这类哭闹，父母要分清孩子哪些要求是合理的，哪些要求是不合理的。对于孩子的合理的要求应当及时满足；对于孩子不合理的要求，应该明确制止。而且，对于孩子的哭闹行为，父母可以采取冷处理的方式应对，让孩子在发现哭闹无效之后，乖乖地停止哭闹、平复情绪。

另外，父母可以采取奖惩结合的办法。比如，当孩子哭闹，父母屡劝不止时，父母可以给孩子适当的惩罚。例如："好吧，鉴于你无理取闹，我决定取消你今晚看动画片的时间。"如果孩子哭闹时，父母三言两语劝住了他，可以对孩子说："你真是懂事的孩子，妈妈就喜欢你这样。"当然，父母还可以奖励孩子，以巩固孩子好的行为表现，比如，让孩子多看10分钟的动画片、多吃一根棒棒糖等。

2

❀

如何控制孩子的坏脾气

2~7岁的孩子经常随时随地发脾气，为了一点小事就哭闹，让父母感到烦恼不已。耐心劝告吧，孩子不听；哄一哄吧，也许能好一会儿，但很快又开始闹了；实在忍不住对孩子大吼大叫吧，孩子也许会消停一会儿，但没过多久可能哭闹得更凶。孩子究竟为什么有如此坏的脾气呢？怎样才能帮孩子告别坏脾气呢？

一位坏脾气妈妈说："我的女儿3岁5个月，听话的时候，挺讨人喜欢的；可当她不听话的时候，脾气可坏了，不但会摔东西，还会躺在地上要赖。每次见孩子这样，我就会暴跳如雷，无法控制自己的情绪，于是对孩子一顿狂风暴雨般的斥责批评，甚至会对孩子拍桌子、动手打孩子。其实，女儿还算是一个比较乖的孩子，我知道自己耐心不够，每次对孩子发脾气后，我都会感到自责，觉得不应该以那样的态度对待孩子。可是除了这种办法，我真的想不出有更好的办法来改变孩子的坏脾气，我到底该怎么办呢？"

这位坏脾气妈妈因为对女儿没耐心而自责，又因为找不到更好的应对孩子坏脾气的办法而感到无奈。这种矛盾而自责的心理，很多父母都有。事实上，脾气再好的父母，也难免有对孩子发脾气的时候。只不过，父母应该学会控制自己的情绪，调整自己的心态，尽可能给孩子耐心的教导，这样才不至于给孩子树立负面的示范。

每一位对孩子不够耐心的父母都有必要反思自己："我是对孩子才会缺乏耐心，还是对每个人都缺乏耐心？"如果对谁都没有耐心，那说明急躁是你的性格。要想改变这个性格，难度就较大了。如果只是对孩子没耐心，那你可以调整对孩子的期望，这样才能看到孩子的优点和进步，及时给孩子肯定和赞扬，慢慢强化孩子好的行为。

父母对孩子没有耐心能分为很多情况，最常见的情况有两种：

◎ 第一种：当孩子不听话时，父母没耐心

孩子不听话会激发父母内心的焦虑情绪，主要原因在于父母读不懂孩子的心理需求，不了解孩子为什么发脾气。比如，当孩子不听话时，父母就认为孩子在故意捣乱，这样难免就会焦躁，失去耐心。如果能换个角度，父母也许就会发现事情并不像你想的那样糟糕。

在这里，我们简单地讲一讲孩子发脾气的原因。孩子喜欢说"不"，喜欢与父母对着干，一旦被阻止就会发脾气；孩子对自己的能力不确定，想做

力所不能及的事情，被父母阻止后也会发脾气；孩子进入秩序敏感期，一旦父母打破了相对稳定的环境秩序，孩子就会爆发出坏脾气。了解这些原因后，父母就不会一味地责怪孩子脾气大了。

◎ 第二种情况：父母心情不好，对孩子失去耐心

父母也有喜怒哀乐等各种不同的情绪，当父母心情不好时，孩子的坏脾气来"凑热闹"，无异于火上浇油。这个时候，问题的根源不在于孩子做了什么，而在于父母的心态有问题。

在心理学上，有一种情绪处理方式叫情绪应对，父母的情绪上来后，不管三七二十一就大吼大叫，结果孩子成了无辜的替罪羊，这其实是父母自己的情绪管理能力不足的问题。

因此，当你心情不好时，不妨自觉地远离孩子，或当孩子发脾气来"凑热闹"时，想办法避开与孩子相处。比如，你去房间睡觉，或去外面逛一圈。也许当你平复了自己的不良情绪后，再看孩子的坏脾气，就会觉得那根本不算什么，甚至能笑着应对孩子的坏脾气。

父母和孩子虽然年龄不同，但那只是在生理上，有些父母虽然三四十岁了，但偶尔也有孩子般幼稚的心理。因此，当孩子坏脾气上来时，其实是给我们一个自我教育、自我成长的机会。我们应该感谢孩子，感谢他们用坏脾气来修炼我们的耐心。这样在不知不觉中，你对孩子的态度会向好的方面转变，你对孩子会越来越有耐心。

3

❀

3招搞定孩子耍赖的毛病

父母都希望孩子听话一点、乖巧一点，可很多时候偏偏事与愿违，孩子爱耍赖，尤其爱在公共场合耍赖，这让父母感到进退两难，举步维艰。对孩子来硬的，孩子往往表现得更强硬，更放肆地耍赖、耍泼；对孩子来软的，可孩子不听；满足孩子的要求，父母又深知这是纵容孩子，对孩子成长不利。那么，到底该怎样应对待孩子的耍赖行为呢？

胡女士这一年来特别苦恼，儿子磊磊3岁之后，特别喜欢耍赖。有时带他出去玩，他不想走路，胡女士不抱他，让他自己走，他就会跪在地上抬着头望着妈妈哭，直到胡女士抱他为止。胡女士很纳闷，真不知道儿子这个"跪地哭天"的姿势是从哪里学来的。

有一次她带磊磊去超市买东西，她从架子上拿下一瓶醋，磊磊要拿，可她担心磊磊弄碎了，就不让他拿。可是磊磊根本不听，气得胡女士吼了磊磊几声，还打了磊磊的手心。可是磊磊还是一边哭一边要求拿醋瓶子，最后要求没得到满足，干脆"跪地哭天"。哭声之大，唯恐全超市的人听不见，结果引来了很多人围观。面对顾客的议论和眼神，胡女士感到十分难堪，恨不得拉起磊磊赶紧回去，可磊磊却不肯走……最后，胡女士把那瓶醋给磊磊，磊磊居然不干了，胡女士都快被气晕了。

我们经常可以在商场等公共场所看到孩子坐在地上耍赖，父母四下张望，表情十分无助。这种情况确实让父母感到棘手，是满足孩子的无理要求？还是强行拉孩子走？还是不顾众人围观，怒气冲冲地教训孩子呢？在决定如何做之前，父母有必要先搞清楚孩子爱耍赖的原因，一般来说有两个：

◎ 原因1：孩子想引起父母的关注

当孩子乖巧听话时，父母可能会放心地忙自己的事情，对孩子缺少关注。孩子被忽视之后，便借助发脾气、耍赖来寻求关注。对于这个原因造成的耍赖，父母有必要引起重视，那就是在孩子乖巧的时候，也应该适当地关注孩子，评价孩子的行为。比如，孩子在玩游戏，期间抬头看父母，父母应与孩子微笑对视，并适当地肯定他的表现。这样会让孩子知道，父母一直在关注自己，孩子的内心会充满安全感。

◎ 原因2：孩子尝过耍赖的甜头，故技重施

如果孩子曾经提出不合理的要求，一开始没有得到满足，于是通过耍赖迫使父母妥协，那么孩子会故技重施。这是在考验父母的容忍度和处理方法。

如果父母经常妥协，孩子经常得逞，那么孩子耍赖的行为会愈演愈烈。

针对这种情况，父母要做的就是不轻易妥协。对于孩子不合理的要求，要坚决拒绝。当然，面对父母的不妥协，孩子往往会做出激烈的反抗，比如在地上打滚打得更厉害、哭声更大。这个时候父母最受煎熬，正确的做法有三个：

◎ 坚持原则，决不妥协

这个时候父母千万别中途妥协，向孩子缴械投降，否则之前的坚持都会白费。孩子会觉得：父母不过是嘴上说说，最后还是会满足自己的，只要自己耍赖耍得足够激烈。所以，记住了，千万别妥协。

◎ 对孩子的耍赖行为冷处理

当孩子不听父母劝阻，一直处于耍赖状态时，父母不妨采用冷处理的方式，各自去忙碌，就像什么事情都没发生一样。这样能让孩子意识到父母不喜欢自己的耍赖行为，再继续耍赖没有什么用。这样，孩子以后自然会减少耍赖。

◎ 转移孩子的注意力

面对孩子的耍赖行为，父母可以将孩子的兴趣从不合理要求转移到新的东西上。比如，孩子在商场里耍赖，要求买玩具，父母不妨对孩子说："你想吃雪糕吗？可好吃了，我们去买雪糕吃，怎么样？"记住，不要说："如果你不耍赖了，我就给你买雪糕吃。"这样会误导孩子，让孩子以为耍赖可以换来雪糕作为奖励。

4

❀

急脾气的孩子如何引导

有些孩子脾气比较急躁，主要表现为遇到不满时爱发脾气，急于求成，不愿意等待。这可能与孩子天生的气质有关系，也可能是其他原因导致的，一般来说有这样一些原因：

（1）父母对孩子过分溺爱，过分满足，使孩子产生习惯性的思维：想要什么就要马上得到，得不到就产生不良情绪；

（2）孩子的表达能力有限，无法清晰地表达自己的想法，导致父母不明白他的意思，结果引起孩子的急躁情绪；

（3）孩子受周围大人急脾气的影响，遇事爱发脾气。

当孩子急脾气上来时，父母应该注意不要"以急制急"。如果父母也急躁，那无异于给孩子做了不好的示范。孩子有样学样，会更加急躁。父母也不应该立即批评孩子，避免孩子产生抵触情绪，更加急躁。父母可以这样做：

◎ 表达对孩子的爱

当孩子急躁时，你首先应该保持冷静，提醒自己：我面对的只是一个孩子。因此，要学会控制自己的情绪，学会温柔、温和地和孩子讲话，这对让孩子安静下来很有好处。当孩子叫嚷时，你不要批评孩子，不要面露凶色，可以用简短的话语回应孩子。接着，你可以靠近孩子，拥抱孩子，通过肢体上的亲密接触来安慰孩子，这可以很快使紧张的气氛缓和下来。

在与孩子的对话中，你可以了解孩子因为什么发脾气。如果孩子因为身体不舒服，你应该表示关心，并帮孩子缓解不适，还可以找出孩子爱玩的玩具，让孩子享受游戏的快乐。

◎ 对孩子"冷处理"

当孩子因为无理要求得不到满足而急躁时，父母完全可以采取"冷处理"的办法应对。当孩子发现没办法对你造成"威胁"时，他自然会放弃自己无理取闹的行为。

◎ 设立"反思角"

在家里设一个"反思角"。每当孩子急脾气上来时，不要和他直接对话，因为这时你跟他说什么，他也听不进去。你可以让孩子去"反思角"想一想自己做得对不对。等孩子情绪稳定下来后，或想清楚了，你再跟他说话、讲道理，告诉他刚才哪里做得不对。

◎ 适当让孩子等待

脾气急躁是孩子耐心不够的表现，因此父母平时可以有意识地训练孩子的耐心。比如，孩子想吃西瓜，你可以对他说："西瓜刚从外面买回来，还是热乎乎的，等它凉了才好吃。"在孩子等待期间，你可以让孩子看动画片、玩玩具，做一些事情转移注意力。又比如，父母接电话时，可以让孩子保持安静。如果孩子做得不错，父母应肯定孩子的表现，夸奖孩子是个有耐心、不打扰他人的好孩子，这样就可以强化孩子的耐心。

5

孩子太任性怎么办

　　梁女士说，她的女儿3岁10个月了。女儿高兴的时候，跟她说什么她都听；女儿不高兴的时候，跟她说什么都不行。当她想要什么时，如果不能及时满足她，她就会大吵大闹。梁女士怎么给她讲道理，她都不会听，而且梁女士说一句，她顶一句；梁女士提高嗓门，她会用更大的声音回应。梁女士说，有时候她被女儿气得不行了，就忍不住动手打她。她也知道打孩子不对，可是女儿实在太任性了，她真不知道该如何教育女儿。

　　生活中，有梁女士这种苦恼的父母不在少数。面对任性的孩子，父母往往先是好言相劝，给孩子讲道理。如果孩子不听话，父母就会采取较为激烈的管教方式，比如严厉地批评孩子，甚至体罚孩子。

　　很多父母不清楚，其实孩子任性与家庭对孩子的不良教育有很大的关系，比如宠爱、放纵、包办等，造成孩子以自我为中心，于是想要什么就必须得到，得不到就开始哭闹，这就是孩子任性的典型表现。

孩子任性，其实是指孩子对自己的情绪毫不克制，或不服从管教，不愿意按照父母的要求去做；或嘴上答应，内心不服，当父母不在一旁时，就由着性子来。如果任由孩子如此发展下去，等孩子进入幼儿园后，就会很难与人相处，更别提与人合作了。将来孩子进入学校，就很难适应集体生活。

从根本上来说，孩子任性是自控力差的表现，包括对自己欲望的控制能力差，也包括孩子对自己情绪的控制能力差。另外，由于2～7岁的孩子处于人生的第一次"反抗期"，孩子经常和父母"闹独立"，总是试图摆脱父母的约束，有时好像是故意与父母作对，你让他做的事他偏不做，你不让他做的事他偏要做。这种叛逆情绪在3～4岁时表现得尤为明显。

对于孩子任性、叛逆的行为，父母首先应该认识到，这是孩子成长过程中必经的阶段，也是孩子走向独立的标志。父母也要认识到，解决问题的关键不是压制孩子独立的愿望，逼迫孩子听话，而是用科学的方法引导孩子，让孩子学会正确地表达独立的愿望和合理需求。父母可以用下面的办法，因势利导，让孩子的不良情绪平复下来。

◎ 不轻易迁就孩子

不轻易迁就孩子，是应对孩子任性表现的基本原则。在孩子吵闹的时候，不要劈头盖脸地严厉批评，也不要打骂孩子，可以因势利导，耐心地讲道理。如果孩子依然哭闹，父母可以采取冷处理的办法，或把孩子的注意力转移到新奇、有趣的事物上。2～7岁的孩子注意力不稳定，注意力被转移后，很快就会忘记刚才的要求和不愉快。

◎ 家庭成员之间的观点保持一致

当孩子任性时，家庭成员在教育孩子时，观点应该保持一致。当一方批评孩子时，其他家庭成员不要出面袒护、干涉。教育孩子最忌讳的就是，爸爸批评孩子，妈妈袒护孩子，爷爷奶奶过来阻拦。这样很容易让孩子学会钻空子，寻找庇护。如果家庭成员之间的教育观点不同，不宜当着孩子的面表现出分歧，可以避开孩子去商量。

◎ 预先提示，规矩在前

当父母掌握了孩子任性的行为规律后，可以"约法三章"，预防孩子发生任性行为。比如，带孩子逛超市时，可以先告诉孩子："今天去逛超市，你只能吃一根雪糕，好不好？"如果孩子不答应，那就不要带孩子去了。如果孩子能够按照规矩去做，父母应及时表扬孩子，并适当地奖励孩子。而当孩子违反规矩时，应该让他承担相应的惩罚，比如取消孩子下次逛超市的机会。而且父母要说到做到，给孩子深刻的教训。

◎ 读懂孩子，善用激将法

面对孩子喜欢说"不"的心理和行为，父母有时可以采取激将法，激发孩子按父母的合理想法去做。比如，孩子吃完饭后，就是不肯擦嘴；或就是不肯把垃圾丢进垃圾桶。父母可以对孩子说："我就知道你不会擦嘴，你看我说对了吧？"孩子是有好胜心的，他们往往会想："你说我不擦嘴，我偏要擦嘴。"而当孩子擦嘴后，父母应该立即肯定孩子的行为，比如对孩子说："哎呀，看来我看错你了，原来你是一个讲卫生的好孩子。真不错，爸爸妈妈为你感到高兴！"这样就可以巩固孩子好的行为表现，次数多了，孩子就很容易养成饭后擦嘴的习惯。

6

❀

爱打人的孩子如何管教

　　不少父母发现，孩子 2 岁后会表现出不同程度的攻击性行为，主要表现为：在发脾气的时候把东西扔到地上；想要吃零食或喝水时，如果爸爸妈妈延迟满足他，他会一把推开食物或水；高兴的时候，他也会推搡、拍打他人，而且下手很重……

　　曹女士说，她的儿子扬扬 3 岁了，上幼儿园小班，最近只要不高兴或要求没得到满足，他就会动手打人。老师也跟她反映，说扬扬在幼儿园期间动不动就会攻击别人。比如，在游戏或活动时，喜欢推搡别的小朋友，还经常和小朋友发生争抢玩具的事情，争抢的过程会伴随着攻击性行为，甚至会咬人。曹女士很担心扬扬的行为表现，但批评扬扬，给扬扬讲道理，扬扬也懂，也承认错误，可是转眼就会忘记。

　　其实，攻击性行为是孩子成长过程中十分常见的行为，这也是儿童社会性发展的一项重要内容。对于孩子的这种行为，如果父母不加以正确引导，有可能加剧孩子的攻击性行为，甚至会演变为暴力倾向；如果父母加以正确引导，则可能将攻击性行为转化为忍耐、坚毅等优秀的品质。

　　有些父母认为，小孩子打人是因为年纪小、不懂事，大了自然就会改。这种想法是不对的，幼儿期打人的行为一旦形成习惯，将会影响孩子一生，因此父母要重视并用正确的方法教育孩子。

◎ 对孩子攻击性行为说"不"

　　当孩子表现出攻击性行为时，父母应及时制止孩子。父母可以用最简单的语言清楚地告诉孩子："不可以打人！""不可以咬人！"在对孩子说"不"时，父母应更多地强调爱、平静、温和的教育，切不可见孩子打人就以暴制暴，通过体罚来教育孩子。这样等于在给孩子做反面教材。

　　如果孩子烦躁不安，想攻击他人，父母可以想办法转移孩子的注意力，比如，让孩子看动画片，或给孩子提供一个抱枕，让孩子捶打、扔枕头，以发泄内心的不良情绪。等孩子情绪平稳后，再找机会和孩子讲道理。

◎ 净化孩子的成长环境

　　有些电视节目充斥着打斗，孩子见里面的人物打打杀杀，觉得很好玩，就不知不觉地学来了。有不少动画片都有很多打斗的画面，孩子看多了也就很容易模仿。

　　2～7岁的孩子具有强烈的模仿欲望，特别善于有样学样。除了模仿父母，还会模仿电视节目中人物的行为。父母除了以身作则，给孩子树立温和待人的榜样，还应选择健康的影视片给孩子看。

◎ 教孩子用正确的方式吸引别人注意

有时候孩子爱打人、爱推搡，其实是因为表达能力有限，想通过肢体动作来和别人打招呼，以引起别人的注意。因此，父母在教育孩子时，不可一味地批评孩子，还需了解孩子为什么要打人。如果孩子是为了和别人打招呼，父母就很有必要教孩子用正确的方式与人打招呼。例如，告诉孩子："如果你想和别人打招呼，可以叫那个人的名字，或轻轻地拍一拍那个人，而不是用力打人或推别人，那样是不安全的。"

◎ 通过饲养小动物来培养孩子的爱心

喜欢攻击别人的孩子，可能缺少必要的爱心，父母可以给孩子买回来一只小动物，教孩子饲养，让孩子爱护小生命，这样有利于培养孩子善良的品质。一个有善心、有爱心的孩子，往往会懂得爱护别人，而不轻易攻击、伤害别人。

7

❀

如何消除孩子的挫败感

2～7岁是孩子成长过程中最调皮、最任性、最难管教的阶段。在这个阶段，孩子有强烈的独立愿望，但由于自身能力不足，往往会遭遇一些挫折。挫折的来源有很多，也许是父母没有满足他们的愿望，也许是自己做某件事情失败了，也许是在与人交往中遇到了麻烦，也许是被父母或老师批评了。孩子的内心是脆弱的，很容易产生挫败感。因此，父母在教育孩子时，要尽可能给孩子合理化认同，避免孩子产生挫败感。而对于孩子已经产生的挫败感，父母有必要及时帮忙消除，否则，日积月累会打击孩子的自信心。

在这里，我们不妨看看"四块糖果"的教育故事，它能给我们消除孩子的挫败感带来极大的启发：

陶行知当校长的时候，有一天，看到一位男生用石头砸同学，于是他制止了那位同学，并叫他放学的时候去校长办公室。放学的时候，陶行知回到办公室，发现男孩已经等候在那里。

陶行知从口袋里掏出一块糖给男孩："这是奖励你的，因为你如约来到了我的办公室，而且比我还先到，你很守时。"接着，陶行知又掏出一块糖递给男孩，说："这块糖也是奖励你的，因为当我叫你不要砸同学时，你立即住手了，说明你很尊重我。"

男孩有些不敢相信自己的耳朵，将信将疑地把第二块糖接过来。没想到，陶行知又说："据我的了解，你用石头砸那位同学是因为他欺负女生，这说明你很有正义感，我再奖励你一块糖。"

这时，男孩感动得几乎要哭了，说："校长，我错了，同学欺负女生再不对，我也不该用石头砸他。"陶先生见孩子这么说，微笑地掏出第四块糖："你已经认识到错了，我再奖励你一块糖。我的糖发完了，我们的谈话也结束了。"

男孩用石头砸同学，虽说是维护正义，打抱不平，但这种方式是不对的。当他被陶行知抓个现行时，一定会感到强烈的挫败感。然而，陶行知在与他谈话时，给了他充分的合理化的认同，不但消除了他的挫败感，还使他深深反省了自己的行为，认识到了自己的错误。陶行知用这种奖励的办法，让男孩心服口服地接受了批评。这种教育方式值得每一位做父母的学习。

要想避免给孩子造成挫败感，或消除孩子的挫败感，可以参考以下两点：

◎ 用称赞的方式引导孩子表现出好的行为

当孩子希望自己做决定，或想自己做某件事时，父母如果觉得这件事孩子不能做，就会马上阻止孩子。比如，孩子想爬树，可父母担心孩子有危险，就阻止道："不能爬树。"这样的拒绝有可能带给孩子挫败感。

正确的做法是，用称赞的方式引导孩子做出好的行为。比如，对孩子说："你一定觉得爬树很有意思。不过我认为，荡秋千比爬树更好玩，你是想荡秋千，还是想爬树呢？"通过这样的提问，让孩子去做选择，既可以培养孩子独立做决定的能力，又有机会引出孩子好的行为。孩子可能听了父母的话，选择荡秋千，这样不就轻松将孩子的注意力转移了，而孩子又不会抗拒吗？

当然，如果孩子坚持要爬树，父母也可以用同样的方式来引导孩子："妈妈觉得，爬那棵小树更容易成功，你试试看！如果你成功了，再去爬那棵大树，你觉得如何呢？"这又是在让孩子做决定。当孩子爬小树成功后，父母可以给孩子肯定和称赞，从而强化孩子的自信心。这种称赞的引导方法不容易给孩子制造挫败感，而是容易强化孩子的信心。

◎ 认同孩子的情绪，给孩子心理安慰

很多父母反映，孩子情绪化比较严重，稍不如意就发脾气，他们对此感到很烦恼。其实，孩子的情绪是一种能量，会来也会走，父母没必要刻意去压制，而要想办法让孩子学会处理自己的情绪。父母要做的就是给孩子无限的爱与支持，认同孩子的情绪，给孩子安慰，让孩子的不良情绪快速平复下来。

孙女士说，她儿子是个情绪化比较严重的孩子，经常发脾气。虽然她不知道孩子的脾气从何而来，但她懂得要给孩子发泄情绪的机会。当孩子表现出不良情绪时，她经常说的一句话就是："妈妈特别理解你现在的心情，如果是我，我也会生气的。不过，只知道生气，好像不能解决问题。"

　　而孙女士的丈夫对孩子不良情绪的反应却很强烈。他会呵斥孩子："不要哭闹了，再哭闹看我怎么收拾你！"

　　由于孙女士与丈夫的处理方式截然不同，每次儿子爆发了不良情绪后，都愿意扑到孙女士的怀里，跟孙女士说心里话。

　　也许你会担心，认同孩子的不良情绪是一种纵容，会使孩子认为爆发不良情绪是对的，会惯坏孩子。其实，这样做只是接纳了孩子的不良情绪，接下来，父母还是要引导孩子遵守规矩。

　　比如，孩子晚饭前要吃糖，你不给他，他就躺在地上打滚。这个时候，你可以把他抱起来，告诉他："妈妈知道你很想吃糖，妈妈理解你现在的心情，可是我们马上就要吃饭了，等吃完饭以后再吃糖好不好呢？"如果孩子继续哭闹，你可以对他说："我知道你吃不到糖难受，你先摸摸它，跟它拉个勾，吃完饭再吃它好不好？"这样可以让孩子获得充分的理解，有利于孩子平复不良情绪。

7
chapter

启发式陪伴
引导孩子独立思考

独立思考能力是优秀人才必备的素质之一。
想让孩子学会独立思考，父母要学会引导，不要
强迫孩子事事听话，而要适当启发，并把选择的
权利还给孩子，激发孩子的主动性；不要总是给
孩子答案，而要多问为什么，激发孩子独立思考
的意识。

1

家长要事事帮孩子选择吗

一个人从小到大会面临无数次选择，怎样去做选择，怎样才能做出最好的选择，考验的是一个人的主见和选择能力。选择能力是一个人综合素质的体现，做出一个明智的选择，需要考虑很多相关因素，有不利的因素、有利的因素，还需要权衡眼前因素与长远因素。因此，让孩子具备这种能力，对孩子的成长与未来意义非凡。

然而，放眼当下，我们看到很多父母习惯于把孩子的"选择权"牢牢地掌握在自己手里，为孩子做选择，替孩子做规划，表现为喜欢替孩子包办一切，不是逼着孩子上这个兴趣班，就是逼着孩子学那个特长；不是命令孩子做这个，就是阻止孩子做那个，根本不尊重孩子的想法，不考虑孩子的感受，没有认识到这样做忽视了孩子的独立需求，忽略了对孩子具备主见能力的培养。

父母这种"主动"表面上是为孩子好，实际上对孩子成长极为不利。父母一味地替孩子拿主意，替孩子做选择，造成的结果往往是这样：孩子失去了自己思考和判断的机会，独立决断能力得不到发展。这样的孩子长大后，做事就很容易变得不自信，在人际交往中就很容易变得胆小畏缩，他们不敢表达自己的想法，不会自己拿主意，只会顺从别人的意思。

相信没有哪位父母希望自己的孩子将来会变成不自信、没主见、胆小畏缩的人。那么，父母就应该学会放手，把选择权还给孩子。好的父母应该既是孩子的朋友，又是孩子的老师。在孩子成长的过程中，慢慢从孩子的生活中退出，让孩子做主角，让孩子自己去做选择，让孩子运用自己的智慧去解决问题。那么，在孩子成长的不同阶段，父母怎么做才是最合适的呢？

◎ 对于年龄较小的孩子，可以让他在适度的范围内做选择

对于 2 ~ 7 岁这个阶段的孩子，如果父母不放心完全放手让孩子做选择，那么可以尝试让他在适度的范围内做选择。比如，在与孩子交流的时候，有意识地为孩子提供一些不错的选项，让孩子从中选择。父母可以对孩子说："你是想周六去游乐园玩，周末在家写作业，还是想周六在家写作业，周末去游乐园玩呢？"经常性地这样问孩子，可以锻炼孩子的思考力，培养孩子做决定的能力。随着孩子年龄增长，父母可以给孩子更多做选择的机会。

◎ 对于年纪稍大的孩子，父母应征求其意见，鼓励他做决定

有些父母在要求孩子做事的时候，往往习惯性地用命令的口吻，这是很不好的习惯。命令孩子意味着孩子必须听你的，意味着孩子失去了与你商量的余地，会引起孩子的不满。如果父母用商量的态度与孩子说事，比如"这件事怎样做更好呢？你有什么想法呢？""我觉得你先把作业做完，再看电视

会更好一些，你认为呢？"这样不仅可以表达对孩子的尊重，还能培养孩子独立思考的意识，让孩子学会按自己的想法去处理事情。

总而言之，在培养孩子做选择的能力时，父母要学会逐渐放手。父母要认识到：选择与责任是紧密相连的。当你逐渐给孩子做选择的权利时，就意味着孩子要不断地学会为自己的决定负责，承担自己做决定的后果。当事实证明孩子的选择很合理时，父母不要忘记赞扬孩子；当事实证明孩子的选择不合理时，父母不要忘记提醒孩子反思和总结，并指导孩子提高选择能力。

2

太乖的孩子，最后都怎样了

"乖，听话，听话才是好孩子！"这大概是父母最常对孩子说的话。当孩子调皮捣蛋时，当孩子有新发现时，当孩子有自己的想法时，当孩子不按父母说的去做时，父母就会用这句话来提醒孩子，让孩子背负着"好孩子"的压力去服从父母。

父母希望孩子听话，这种心理可以理解，因为听话的孩子不会让父母操心。可如果把"听话"作为评判好孩子的唯一标准，并不科学。一个养成听话习惯的孩子，在家里听父母的话，在学校听老师的话，到社会上听别人的话，这样的人固然不坏，但又怎么可能有所成就呢？孩子的未来需要他自己主动创造，一味地要求孩子听话，往往会使孩子失去主见性。如果父母希望把孩子培养成有主见的创造型人才，就不要对孩子求全责备，就不要把孩子训练成"听话的木偶"。

一个有主见的孩子，在学习上会积极地思考，创造性地解题；在生活中会积极地思考，用更有效的办法做事；在人际交往中会有自己的看法，并自信地坚持自己的观点。正如一首歌里唱的那样："当我和世界不一样，那就让我不一样，坚持对我来说，就是以刚克刚。"

那么，怎样才能培养出一个有主见，而不只是"听话"的孩子呢？

◎ 善于倾听孩子的想法

想要培养孩子的主见，父母需要为孩子创造一个民主的家庭氛围。在家里，父母可以经常性地把家里的问题、把孩子的事情，拿出来和孩子一起商量，并询问孩子的意见，倾听孩子的想法。这样做有利于激发孩子去思考，从而锻炼孩子分析和解决问题的能力。而孩子见父母放下架子，以平等的姿态对待自己，自然而然会尊重父母以及父母的意见，不至于过分叛逆。

◎ 及时对孩子的想法表达认同

父母为什么要倾听孩子的想法呢？一方面是为了了解孩子的内心，另一方面是为了及时发现孩子合理的想法，给孩子积极的认同，使孩子获得激励。在这一点上，很多父母都需要学习。

有一个孩子，妈妈让他画太阳，他画好了之后给妈妈看。妈妈发现那个太阳是蓝色的，就问孩子："你为什么把太阳画成蓝色的？"孩子说："我画的是海里的太阳。"妈妈说："好极了，你太有想象力和观察力了。"

然而在有些父母看来，结果往往大不一样。一位妈妈让孩子画苹果，孩子用蓝色的笔画了一个"大苹果"，妈妈发现后，赶忙否定道："苹果怎么是蓝色的呢？重画，苹果应该是红色的。"

　　在有些父母的眼里，孩子"不听话"没什么错，只要孩子的解释有道理，父母就会认同孩子。就如同上面的例子，他们发现孩子有新奇的想法和行为时，没有急着批评孩子，而是耐心地倾听孩子，因为只有倾听才能更好地读懂孩子，保护孩子的想象力，激发孩子的创造力。而有些父母却做不到这一点，他们认为孩子任何与常规思维不同的想法都是错的，都必须纠正，结果只能培养出一个做事风格中规中矩、没有创新意识的孩子。

◎ 不要强求孩子接受父母的意见

　　尊重孩子的意见，认同孩子的想法，并不意味着连孩子的错误意见也要认同。对于孩子不合理甚至是错误的想法，父母可以提出自己的意见，给孩子参考和借鉴，但不要强求孩子接受自己的意见。如果孩子经过一番思考后，能够接受父母的意见固然是好事。如果孩子不接受，依然坚持自己的想法，父母也不要气急败坏地批评孩子"不识好人心"，等事实证明他的想法是错误的时候，父母再适时地教育孩子要学会参考别人的意见。

◎ 肯定孩子说"不"的勇气

　　要使孩子有主见，就必须帮孩子破除对权威的迷信。父母要告诉孩子："父母说的、老师教的，不一定都是对的，他们也可能犯错，因此，如果你有不同的想法，可以表达出来。"平时父母可以针对性地培养孩子说"不"的意识。比如，有意说出一些有错的话，让孩子从中找错。父母可以对孩子说："桌子、椅子、床头柜、毛巾被都是家具，对吗？"以锻炼孩子发现错误的能力，这样孩子才不至于盲信权威。

3

善于提问，孩子才能爱思考

2～7岁的孩子都有强烈的好奇心和求知欲，喜欢对新奇的事物刨根问底，而细心的父母也会重视孩子的提问，耐心地为孩子解答。这是帮孩子了解世界，向孩子传输知识的好机会。

其实，父母除了耐心解答，还应该多问孩子"为什么"，激发孩子的好奇心，和孩子一起寻找答案，从而培养孩子的独立思考能力。例如，你可以问孩子："你觉得小白兔会说话吗？"如果孩子说"会"，你可以继续问："你为什么这样认为呢？"对于这样的问题，孩子的回答到底是怎样的，其实并不重要，重要的是通过这个问题，把孩子带入一种思考的情境，锻炼孩子的想象力。

有一篇文章这样写道：

临睡以前，女儿赤脚站在我面前说："妈妈，我最喜欢的就是台风。"

我有点生气。这小捣蛋，简直不知人间疾苦，每刮一次台风，有多少屋顶被掀跑，有多少地方会淹水，铁路被冲断，家庭主妇望着几元钱一斤的小白菜生气……而小女孩却说，她喜欢台风。

"为什么？"尽力压住性子。

"因为有一次台风的时候停电……"

"你是说，你喜欢停电？"

"停电的时候，我就去找蜡烛！"

"蜡烛有什么特别的？"我的心渐渐柔和下来。

"我拿着蜡烛在屋里走来走去，你说我看起来像天使……"

那是许多年前的事了吧。我终于在惊讶中静穆下来，她一直记得我的一句话，而且因为喜欢自己在烛光中像天使的那份感觉，她竟附带的也喜欢了台风之夜。一句不经意的赞赏，竟使时光和周围情境都变得值得追忆起来。那夜，有个小女孩相信自己像天使；那夜，有个母亲在淡淡的称许中，制造了一个天使。

有时候，孩子的行为和想法会让父母大为不解。如果父母性子过于急躁，不去耐心地问孩子，探寻孩子的想法，往往就会想当然地认为孩子胡言乱语、无理取闹。其实，如果父母能多问孩子"为什么这样想""为什么要这样做"，孩子一般都会向父母敞开心扉，把自己内心的想法告诉父母。这样做不仅仅是为了培养孩子的思考力，更是为了更好地走进孩子的内心世界，让孩子感到父母是他最贴心的人。

对于 7 岁前的孩子来说，父母在问他们问题时，应注意这样几点：

◎ **用开放性、选择性的提问**

开放式提问是指概括性的、范围较大的提问，对答案没有明确的限制，这样便于孩子自由发挥思考力和想象力。比如问孩子："回形针有些什么用途？""如果去郊游，你会选择哪里？为什么要选择这个地方？"

选择性提问是指在问题中提供至少两个选项的提问，这种提问对于年龄偏小的孩子更有意义。比如，父母问孩子："你是想玩过山车，还是想玩滑滑梯呢？""你是想学跳舞，还是想学弹钢琴呢？"当孩子做出一个选择时，父母还可以问孩子原因："为什么你选择它呢？你的想法是什么？"通过这样的提问，可以充分激发孩子思考的积极性。

◎ **对孩子的回答做出评价**

当孩子回答了父母的提问之后，父母应该对孩子的回答做出评价。一般来说，为了保护孩子思考的积极性，父母应该尽量对孩子的回答做出积极的评价，多以肯定、欣赏、认可的口吻，强化孩子的自信和思考的积极性。比如，"你的想法真特别！""你的观点真有意思，我觉得很不错。""太棒了，我怎么没想到呢？"

◎ **引导孩子多角度思考问题**

对于有些问题，如果孩子的回答比较片面，父母可以在先肯定孩子的回答之后，再引导孩子多角度思考问题，这样可以发散孩子的思维。值得注意的是，7 岁前的孩子思维能力是有限的，生活经验远不如父母丰富，在回答问题时犯难是正常的。因此，在引导孩子多角度思考问题时，父母一定要耐心，切不可因为孩子"思维不开窍"而着急上火，批评孩子"笨"。

4

❀

如何培养孩子解决问题的能力

　　《读者文摘》上曾有这样一篇文章：作者回忆他小时候上学时，曾有一段时间因失去学习的信心而感到自卑。每天放学回来，父亲总是很慈祥地向他请教学习上的问题。他很积极地帮父亲解答，把自卑抛诸脑后。如果遇到不懂的问题，第二天他到学校里问老师，弄明白之后，再回来告诉父亲。就这样，他学习的积极性慢慢提高，自信心也逐渐恢复，学习成绩也越来越好了。长大后，他才知道父亲是故意用这种方式来激励他。故事中这位智慧的父亲用向孩子请教的方式，激发孩子的学习积极性和自信心。最后，成功地帮孩子取得了进步。这个做法值得每一位父母学习。美国加州大学哲学家詹姆斯·多伯林曾提出一个著名的"补强法则"，意思是当一个人正面的行为受到认可时，就会逐渐摆脱自卑，不断地激发出自信心。要想激发孩子的自信心，保护孩子独立思考的积极性，提高孩子动手解决问题的能力，最好的办法莫过于多问孩子"怎么办"。

周末，妈妈带儿子去游乐园玩，回来的时候，他们在路边等公交车，可是等了好久，也不见公交车来。眼瞅着儿子耐不住性子了，妈妈觉得干耗着也不行，不如找些话题和孩子聊一聊，于是就问儿子："公交车迟迟不来，我们该怎么办呢？"

儿子不假思索地说："那就打车回去吧！坐出租车还舒服呢！"

听了儿子的回答，妈妈心想：小家伙就知道图舒服呢！不过他没有批评儿子，而是说："打车回去当然是可以的，可今天不行，因为我们在游乐园里玩了大半天，剩下的钱不够打车。你说我们该怎么办呢？"说这话的时候，妈妈故意流露出有些着急的神情。

没想到，一向调皮捣蛋、没心没肺的儿子居然说："妈妈，你不要担心了，我觉得我们可以继续等下去，都等这么久了，车应该快来了！""儿子，你说得有道理啊，你看，说曹操曹操就到了。"妈妈指着不远处徐徐而来的公交车，面露喜悦地说道。

从这个事例可以看出，遇事时多问孩子"怎么办"，不但有利于培养孩子独立解决问题的能力，还有利于培养孩子乐于助人的品质，使孩子成为一个懂事的、有责任感的人，更能让孩子感受到父母对自己的认同，拉近孩子与父母之间的距离。当然，在日常生活中，父母所提的问题应该适合孩子的智力发展水平，孩子通过思考就能得出差不多的答案。

比如，妈妈正炒菜时，突然没煤气了，妈妈可以问孩子："菜还没炒熟，怎么办呢？你有什么办法把菜炒熟吗？快帮我想想办法。"如果家里有电磁炉，也许孩子会说："放在电磁炉上炒菜。"这不，孩子就帮妈妈找到了解决问题的办法。

再比如，晚上突然停电了，而一家人还没有洗澡，这时父母可以问孩子："停电了，怎么办呢？我们还没洗澡呢？你有什么办法？"也许孩子会建议点蜡烛照明或用手机照明，甚至可能会说："那就别洗澡了，正好省点水呢！"这至少也是孩子解决问题的一种办法。

2～7岁的孩子在遇到难题时，会本能地向父母求助。如果父母习惯性地帮孩子想办法，替孩子排除困难，时间长了，孩子会养成依赖父母的习惯。因此，如果父母觉得孩子有处理问题的能力，应该放手让孩子去尝试。

比如，孩子在和小朋友玩游戏时，出现了意见分歧，甚至发生了不愉快，当孩子向父母求助时，父母就可以鼓励孩子："你认为该怎么处理这件事呢？爸爸妈妈想听听你的意见。"只要孩子的意见具有一定的可行性，父母就可以鼓励孩子按他的想法去做。一定要相信孩子有解决问题的能力，即便孩子最后没能解决问题也没关系，至少他尝试过。

当然，必要的时候，父母还需给孩子一些指导和建议。对于孩子一些错误的想法，父母要及时纠正。比如，孩子之间发生了冲突，孩子打算用暴力的方式泄愤，这时父母应及时建议孩子："暴力不能解决问题，我觉得和解是最好的办法，你可以对小朋友说：我们忘记不愉快，一起玩游戏吧！或主动把你的玩具给他玩，你们就能和好如初了。"通过这样的指导，帮孩子学会宽容，学会正确地处理人际矛盾。

5

❀

有担当的孩子是怎样养成的

　　曾有一个上幼儿园大班的孩子，一个学期丢了6顶帽子。父亲非常伤脑筋，只好求助一位儿童教育专家。

　　专家问："是不是孩子每次丢了一顶帽子，你就给他买一顶？"

　　父亲说："是这样的。"

　　专家说："这就是问题的症结。帽子丢了还有新的，孩子一点愧疚感都没有，他怎么可能变得细心起来，看管好自己的帽子呢？"

　　专家建议这个孩子的父亲："以后孩子丢了东西，或破坏了什么东西，你都不要帮孩子找，不要给孩子买，而要让孩子对自己的行为负责，让孩子承担自己行为的后果。比如，孩子帽子丢了，想要新的帽子，那就让孩子把零花钱拿出来买。如果孩子没零花钱，或舍不得拿出零花钱，那就不给孩子买了，让孩子想别的办法筹钱买帽子。总之，要让孩子感受到错误行为带来的不良后果，这样孩子才会吸取教训。"

孩子的父亲按照专家建议的去做，结果，孩子再次丢了一顶帽子之后，自掏零花钱买了一顶新的帽子，从那以后，他再也没丢过帽子，也很少丢其他物品。

要想培养真正独立的孩子，父母就需要让孩子对自己的行为负责。孩子丢了一顶又一顶帽子，其实这就是孩子对待丢失物品的一种选择，或者说一种态度。教育专家的建议非常有道理，父母只需要让孩子去承担他的错误选择带来的后果就可以了，而不是替孩子承担后果，为孩子买一顶新的帽子。

生活中，经常有父母抱怨孩子不听话，抱怨孩子爱惹麻烦。他们习惯性的做法是，不断地提醒和吩咐孩子该做什么，不该做什么；应该怎么做，不应该怎么做。然而，对于正处于独立意识敏感期的孩子来说，这样反而更容易激起他们的逆反情绪。为什么父母不放手让孩子去做选择，并自行承担后果呢？

吴康萍是南昌市家喻户晓的母亲，因为她成功地培养了一对德才兼备的女儿。她的大女儿从清华大学毕业后，去了美国麻省理工学院攻读博士学位；她的小女儿从东南大学毕业后，去了美国德州攻读双硕士学位。吴康萍是怎样培养出如此优秀的孩子呢？原来，她在孩子很小的时候，就特别注重培养孩子的责任心。

有一次，吴康萍托人从外地给大女儿买了一双漂亮的小皮鞋。大女儿非常喜欢，就想穿着上学。不巧这天天气阴沉，可能要下雨，因此吴康萍劝大女儿不要穿，但是大女儿就是想穿，于是吴康萍厉声说道："如果你能对自己的新鞋负责，你就穿吧！"没想到大女儿说："能！"于是，吴康萍没再阻拦。

到了放学的时候，下起了大雨。大女儿回家的时候，竟然打着赤脚。因为她要对新鞋子负责，于是只好把鞋子脱下来装在书包里，打赤脚淌水回来。

大女儿这种负责任的态度来自妈妈的信任，也来自对妈妈的承诺。大女儿知道，妈妈给了自己充分的选择权，自己既然做出了选择，就要负责。这种负责任的态度对她后来的学业起了很大的作用。

现在很多孩子娇生惯养，而娇生惯养的背后是责任意识的淡漠。要想培养孩子的责任感，就得从放手让孩子做选择，并让孩子对自己选择负责开始。父母可以这样做：

◎ 让孩子为自己的选择负责

父母要在日常生活中教孩子为自己的选择负责，为自己的错误买单。

比如，逛超市的时候，孩子吵着要买某个玩具，而父母觉得这个玩具不适用、不好玩，但拗不过孩子，只好买给孩子。回到家里，孩子玩了几下就不想玩了，吵着要买新玩具。这时父母应该明确地告诉孩子："不可能给你买新玩具。这个玩具是你要买的，既然买了，就得玩上一段时间。"

又比如，外面快要下雨了，孩子却吵着出去玩，结果淋了一身湿地回来。回来之后，父母可以要求孩子自己洗澡、换衣服。

◎ 让孩子为自己的错误道歉

孩子在与人交往中，难免有犯错的时候，比如欺负别人，破坏了别人的东西，给别人制造了麻烦甚至伤害。这个时候，正确的做法是教孩子去道歉。

有位母亲说，有一次，一位朋友带着孩子来家里玩，孩子不小心打碎了花瓶，弄湿了地面，朋友在向她道歉之前，先找来拖布，让孩子清理残局，再让孩子向她道歉。这件事给她留下了很深刻的思考。

在我们身边，不少父母喜欢把孩子的错误当成自己的错误，当孩子给别人制造麻烦之后，他们往往会率先向别人道歉："对不起，是我没管好孩子。""对不起，孩子给你添麻烦了。"

父母率先道歉固然是一种礼貌的表现，可如果孩子没有认识到自己的错误行为，不懂得向别人道歉，反而摆出一副"事不关己"的态度，那么父母一句简单的"对不起"恐怕没什么意义。父母应该让孩子主动去承担错误行为带来的后果，让孩子真诚地向别人道歉。

6

哪些事可以让孩子自己拿主意

放手让孩子做选择是培养孩子独立性和责任感的重要举措。很多父母想知道，对于 2 ~ 7 岁的孩子来说，哪些事情适合让他们自己拿主意呢？下面，我们就来具体介绍一下。

◎ 穿什么衣服、带什么帽子

在穿衣打扮上，父母可以给孩子建议，但最好让孩子自己做决定。比如，天气降温了，父母要提醒孩子："天气降温了，要加衣服了，不然很容易感冒的。"如果孩子不听，父母没必要和孩子较劲。

有句玩笑话叫："有一种冷，叫妈妈觉得你冷。"意思是，妈妈喜欢以个人的感受来判断孩子的需要，妈妈觉得冷，就认定孩子也冷，于是就要求孩子加衣服。穿衣、添衣本来是很简单的一件事，父母何苦在这件事上与孩子较劲呢？如果孩子不听话，不肯加衣服，那么他冷了一次，感冒了一次，不就有了教训吗？父母说得再多，不如让孩子亲身体验一次自己选择的后果来得深刻。

还有戴帽子、选发型也一样，父母都不应该过于干涉孩子。在这方面，我们不妨看看美国前总统富兰克林的母亲是怎么做的。

富兰克林年幼时，长着一头金色的卷发、一双碧蓝的大眼睛，还有挺拔的鼻梁，十分英俊，很招人喜欢。母亲尤其喜欢他那头卷发，经常配以各种服饰来打扮年幼的富兰克林。

然而，母亲选的衣服富兰克林并不喜欢。有一次，母亲想给富兰克林穿皱边的套装，富兰克林大胆地说出了不满。还有一次，母亲想说服富兰克林穿苏格兰短裙，富兰克林又拒绝了。最后，妈妈同意让富兰克林穿水手服。

关于这些事，富兰克林的母亲是这样说的："我们做父母的对于衣饰的品位虽然高雅，可是我们年幼的孩子不一定喜欢。"因此，她从来不强迫孩子听从她的决定，而是尊重孩子的意见，让孩子自己拿主意。

从这些事上可以看到，对于孩子穿衣戴帽的问题，父母应该放手让孩子去做选择、拿主意，要尊重孩子的意见和选择，而不要横加干涉孩子的决定，让孩子在父母的信任中快乐地成长。

◎ 玩什么游戏，在哪里玩，怎么玩

对于 7 岁前的孩子来说，游戏是他们的重要"伴侣"之一。在选择玩什么游戏、在什么地方玩、怎么玩等问题上，父母可以先跟孩子定下规矩——

以不妨碍他人、不制造麻烦、不超出安全限度为原则，然后尊重孩子的想法，让孩子自己决定玩什么游戏、在哪里玩、怎么玩。

比如，今天周末，孩子想玩结构游戏"搭积木"，父母就没必要干涉孩子，而让孩子玩皮球。当孩子把积木堆得乱七八糟时，父母没必要让孩子把积木堆成一座小房子。当孩子想在客厅玩，并且没有打扰到家人时，父母就没必要让孩子去房间玩。总之，对于孩子的游戏，父母没必要盲目介入、横加干涉，以免破坏孩子的专注性。

◎ 独处的自由空间

当孩子情绪不佳、心情不好时，父母应该给孩子独处的自由，给孩子独处的空间。比如，孩子想在房间里待着，父母最好不要去打扰他。等孩子情绪平复之后，再找机会与孩子谈心，效果会更好。

◎ 孩子的人际交往问题

孩子喜欢跟什么人玩，怎么处理孩子之间的矛盾等，父母最好多一些尊重、少一些干涉。当孩子在交往中与小朋友闹矛盾时，有些父母喜欢充当"卫士"，帮孩子排除困难，替孩子打抱不平，生怕孩子吃了亏。其实，有时候孩子并没有觉得自己委屈，只是父母觉得孩子吃了亏。比如，别的孩子推了自己的孩子一下，父母就觉得心有不甘，忍不住批评别人的孩子。其实，这种做法是没必要的。父母是在剥夺孩子处理交往问题的权利，剥夺孩子形成自己的人际交往观念的机会，反而对孩子不利。

◎ 零花钱的支配

现在2~7岁的孩子手里多少会有一些"私房钱"，有亲戚朋友给的压岁钱，有父母平时给的零花钱。对于这些钱的支配问题，父母应逐步地放权给孩子。

孩子小的时候，父母可以替孩子保管钱，当孩子需要的时候，每次给孩子一定的数额，告诉孩子可以买什么。当孩子大一点时，父母最好把零花钱的支配权还给孩子，让孩子自行安排如何花这些钱。当然，如果数额太大，父母可以替孩子先存着，给孩子一部分自行支配。

如果孩子很快把零花钱花完了，又向父母要钱，父母正确的做法是耐心询问原因，引导孩子学会有计划地花钱，让孩子学会对自己的零花钱负责。父母错误的做法是不问原因，继续给孩子零花钱。家里有老人的，情况可能更严重。即使爸爸妈妈不给，爷爷奶奶、姥姥姥爷也可能偷偷给孩子零花钱。这样很容易惯坏孩子，使孩子在花钱上不懂得计划，养成花钱大手大脚的坏习惯。

陪伴要有边界感
孩子才能更好地应对挫折

孩子在成长的过程中会遇到很多挫折，如果
他们以积极乐观的心态去面对，挫折会变成人生
中的一笔财富，孩子会因战胜挫折而变得强大。
父母的陪伴要有边界感，这样才能培养孩子对待
挫折的正确态度，激发他们战胜挫折的信心，使
孩子经得起挫折的考验，成为生活的强者。

1

过度保护真的是为孩子好吗

　　生活条件好了，物质水平提高了，很多父母认为，再苦不能苦孩子，再累不能累孩子，于是千方百计地为孩子挡风遮雨，不愿意让孩子吃苦。这表面上看是爱护孩子，但从长远来看，却对孩子极为不利。一个从小没有吃过苦的孩子，暂且不说他将来难以经历大风大浪的考验，就连最基本的生活都可能无法自理。

　　有记者曾采访一群中学生，问他们："你们平时洗袜子吗？"

　　大多数孩子回答说："不洗。"

　　"那你们的袜子都是谁洗的？"

　　"妈妈给我们洗。"

"如果妈妈不在家呢？"

"那爸爸就来洗。"

记者接着问道："如果你们的爸爸妈妈都很忙，没时间给你们洗袜子怎么办呢？"

"那就放在那儿，等他们有时间再洗。"

"以后你长大了，谁给你们洗？"

孩子们很坦然地说："长大了可以请保姆呀！"

看到孩子们的回答后，如果你也担心自己的孩子将来会有类似的想法，那么就从现在开始，赶紧给孩子来一些"吃苦教育"吧。自古以来，吃苦耐劳是中华民族的传统美德，这种美德不是先天形成的，而是后天培养起来的。对孩子真正的爱，应该是有点"苦"的，从小吃过苦的孩子，才会变得更坚强，才更懂得珍惜生活。

19世纪俄国著名作家屠格涅夫说过："你想成为幸福的人吗？那么首先要学会吃苦。能吃苦的人，一切的不幸都可以忍受，天下没有跳不出的困境。"为了让孩子以后能够幸福，父母还需狠下心来，有意识地让孩子吃苦。

有个农场主，每天孩子做完作业后，他就会让孩子在农场干点农活。朋友见他让年幼的孩子干活，就对他说："孩子还小，何必让他受苦呢？再说了，他也做不了什么事情。"农场主笑着说："我让孩子干活，并不是为了让他替我种植农作物，而是为了培养他。"其实，爱孩子、培养孩子很简单，那就是让孩子从小吃点苦、受点累。

看看动物世界里的狮子。母狮子在养育小狮子时，经常故意把小狮子领到悬崖边，然后趁小狮子不注意，撞一下小狮子，让小狮子在险境中求生，学会与大自然作斗争。通过这种办法，可以把小狮子磨炼得越来越坚强，越来越勇敢。

动物尚且知道让孩子吃苦，让孩子在挫折中接受磨炼，我们更应该懂得这个道理。其实，我们的孩子就像是小狮子，如果父母不愿意孩子一辈子都是"小狮子"——柔弱可欺，那就给孩子创造吃苦的机会，让孩子接受磨炼吧。

◎ 吃苦教育从日常生活开始

吃苦教育并不是什么深奥的东西，而是非常贴近现实生活的教养。父母可以从日常生活开始，让孩子做力所能及的事情，培养孩子动手做事的习惯。比如，让孩子自己吃饭、穿衣、收拾房间、收拾玩具，以提高孩子基本的生活自理能力。

◎ 培养孩子面对挫折的态度

著名心理学家马斯洛说过："挫折对孩子来说未必是坏事，关键在于他对待挫折的态度。"因此，父母有必要培养孩子面对挫折的积极心态。

5岁的明明对小自行车很感兴趣，央求妈妈给他买车，妈妈答应了他。车买回来之后，明明兴奋地练习起来，可是一不小心，就摔了下来。摔了几次之后，明明对小自行车的兴趣大减，每当妈妈提醒他练车时，他就说："我不喜欢自行车，我讨厌摔跤。"

妈妈安慰道："摔跤是练车过程中很正常的现象，妈妈当年学自行车的时候，比你现在摔得还多，摔得还惨，你看不也没事吗？你是小男子汉，摔跤怕什么，爬起来再练，你肯定能练会的。"

在妈妈的鼓励下，明明重拾练车的勇气。没过几天，他就能非常熟练地骑着小自行车遛弯了。

当孩子在挫折面前表现出沮丧和逃避时，父母应该及时鼓励孩子，消除孩子的消极情绪。例如，当孩子登山怕高、骑车怕摔跤时，父母可以鼓励孩子："你是个很勇敢的孩子，摔一跤不算什么。"当孩子不敢走平衡木时，父母可以鼓励孩子："不用怕，你一定能行。"这样可以帮孩子树立信心，激发出孩子迎难而上的勇气。

2

❀

孩子一遇难题就退缩怎么办

3 岁的小华想脱掉衣服，他先脱了两只袖子，可小脑袋怎么也出不来，两只耳朵非常碍事。他强行扯了半天，也没有扯下来，又气又急，终于忍不住哇哇大哭起来："妈妈，快帮我。"

如果你是孩子的妈妈，面对这种情况，你会怎么做呢？很多父母肯定会出于爱子之心，赶紧帮孩子把衣服脱下来，但聪明的父母往往会选择"袖手旁观"，即便孩子真的遇到了很难解决的问题，聪明的父母往往也只是在语言上给孩子指导，绝不会轻易替孩子出面解决问题。他们知道，这样会让孩子失去接受考验的机会。

赵先生是一名小学教师，谈起对孩子挫折能力的培养，他说："当我的孩子遇到困难时，我会鼓励他，但更多的时候我只是'袖手旁观'。因为只有让他受挫，他才能从失败中走出来，他才会真正具备克服困难的勇气和韧劲。"

赵先生说，孩子上一年级的时候，想当班长，可是竞选失败了。孩子感到很没面子，就想让他出面向班主任说情，给他开个后门，补一个职务。因为赵先生与孩子的班主任是同事，彼此很熟悉。但赵先生没有这样做，他对儿子说："这件事我不能帮你，如果你想做班干部，那你就通过自己的努力，用自己的表现去赢得老师和同学们的认可，等下个学期再竞选班干部吧！"

孩子在这次"挫折教育"中受益匪浅，长大后，他回忆起这件事时说："那次竞选失败让我看到了自己的缺点，后来我正视自己的缺点，并积极去改正，终于在下学期当上了班长。爸爸拒绝帮忙，让我成长了很多。"

对于孩子来说，没有永远的失败。偶尔的失败并非坏事，只要孩子能够从失败中学会坚强，能够从失败中站起来，他就会变得更加强大。父母若想真正地帮助孩子，那就在他失败后适当袖手旁观；在他需要帮助的时候给他多一点精神鼓励，少一点帮忙，让孩子自己去想办法解决，自己去积累经验，这样孩子才会真正成长起来。

父母一定要明白，孩子不是父母的私有财产，总有一天，孩子要离开父母的温暖怀抱，投身社会生活中去。因此，只有从小教孩子勇敢面对挫折，孩子将来才能坚强面对生活。正如著名作家帕特丽夏·斯普林科说的那样："明智的父母都知道：抚养孩子的最终目的是帮助他们脱离我们的生活。要学会生活中的任何事情，唯一的办法是开始去做。保护孩子最有效的办法是让他们学会自己照顾自己。"

　　当然了，强调对孩子的求助袖手旁观也不是绝对的，需要看具体的情况。父母要大概清楚，哪些事情是孩子可以做到的，哪些困难是孩子可以克服的，哪些困难是孩子克服不了的。明确了这些之后，对于那些孩子能做的事情、能克服的困难，父母应该拒绝孩子的求助，鼓励孩子去独立解决。

　　对于有些难度的事情，父母可以给孩子建议，引导孩子去做，但绝不要包办、代替。对于那些需要孩子付出一定努力才能完成的任务，父母可以充当旁观者，观察孩子是怎么做的。事后再与孩子一起分析问题，帮孩子总结经验，提高孩子解决问题的能力。

3

❀

应该对孩子进行挫折教育吗

家境贫寒的孩子，从小就很自然地接受了苦难教育，这就是我们常说的"穷人家的孩子早当家"。但很多富裕家庭的孩子，从小生活环境良好，没有机会接受苦难教育，没有机会接受生活的磨炼，那么，智慧的父母就要懂得"没有困难，设置困难也要磨炼孩子"，以培养孩子强大的内心和出色的抗挫折能力。

亮亮是个有艺术天分的孩子，在幼儿园画的作品多次获奖，经常受到老师和亲戚朋友的夸奖。生活在掌声中的亮亮，渐渐习惯了听好话，形成了骄傲心理。父母为了让孩子更健康地成长，经常有意地设置一些困难，增加亮亮受挫的机会。

一天，妈妈特意带亮亮去同事家里玩。妈妈知道，同事的儿子比亮亮稍大一点，知识面比亮亮更广，玩游戏能力比亮亮更强。妈妈想利用这个机会，让他们一起玩游戏，让亮亮输几次，给他泼几盆冷水，让他知道人外有人。

两个孩子见面后，玩得很投缘。但没过一会儿，亮亮就闷闷不乐起来。原来，亮亮和同事的儿子玩智力游戏时总是输。尽管同事的儿子热情邀请亮亮再玩，但是亮亮坚决不玩，而且吵着要妈妈带他回家。

在回家的路上，妈妈对亮亮说："妈妈知道今天你为什么不高兴，是不是玩智力游戏总是输啊？"

亮亮瞥了妈妈一眼，没吭声。

"你知道吗？哥哥也是个聪明的孩子，他学习成绩很好，而且已经跳级了。"妈妈说。

亮亮有些好奇："真的呀，好厉害啊！"

"是呀，哥哥是个优秀的孩子，但他从来不骄傲的。"妈妈微笑着对亮亮说，"你也是个优秀的孩子，但妈妈希望你以后赢的时候不要骄傲，输了也不要沮丧，好不好呢？"

亮亮心领神会地点了点头。

孩子的一生会遇到很多困难，挫折也会经常出现。可父母为什么还要有意给孩子设置困难呢？这是因为如果孩子7岁之前走惯了平坦的路、听惯了顺耳的话、做惯了顺心的事情，那么7岁之后，当他们遇到困难、遭遇挫折时就会很不适应，不容易接受现实。

正所谓"3岁看大，7岁看老"，现在是培养孩子抗挫能力的关键阶段，父母应在平时的生活和学习中，有意地给孩子设置一些障碍和困难，以锻炼孩子的心理承受力，培养孩子独立解决问题的能力。

现在很多父母非常重视对孩子进行"吃苦教育"。他们经常带孩子登山、露营，让孩子自己捡柴火、准备食物，定期让孩子到艰苦的地方去体验生活，以锻炼孩子对环境的适应力和挑战困难的抗挫能力。

值得注意的是，对于 2 ~ 7 岁的孩子，父母在给他们设置困难时，要注意这样几点：

◎ 设置困难要有针对性

如果你住在高楼大厦里，孩子上下楼有电梯，出门有汽车，生活中似乎没有什么困难需要孩子去克服，那么，你可以带孩子走楼梯，陪孩子坐公交。如果离学校不远，你甚至可以鼓励孩子步行上学。如果孩子骄傲，你可以给他找一些更优秀的小朋友，灭一灭他的威风，让他知道有比自己更厉害的人，就像亮亮的妈妈那样做。

◎ 设置困难要循序渐进

在为孩子设置困难时应循序渐进，困难应由易到难，逐渐增加。切不可一开始就给孩子设置难以克服的困难，挫伤孩子的自信心和积极性。而应该先给孩子设置较容易的困难，让孩子克服困难后获得信心，这样孩子就会更乐意挑战更大的困难。

◎ 别忘了给孩子鼓励和表扬

给孩子设置困难后，父母应鼓励孩子积极去挑战。当孩子排除了困难、克服了难题时，父母应及时表扬孩子，强化孩子积极的行为，增强孩子战胜困难的勇气和信心。

◎ 不要过于在意孩子的消极情绪

　　孩子在面对困难与挫折时，难免会产生消极情绪，对此父母应有心理准备。在孩子受挫后，对于孩子一般的消极情绪，父母可以不予以理会，让孩子自行调整。如果孩子情绪反应激烈，父母应给孩子鼓励和安慰，给孩子心理上的支持，引导孩子摆脱不良情绪的困扰，帮孩子重拾信心。

4

❀

引导孩子自我激励有多重要

孩子在面对挫折时，需要父母的鼓励、支持和适当的帮助，这是来自孩子外部的激励。事实上，比外部激励更重要的是来自孩子内心的自我激励。当孩子具备了自我激励的意识，掌握了自我激励的方法，他才真正从内心独立起来，做到发自内心地去行动，而不是依赖于父母的激励才去行动。

怎样才能教会孩子自我激励呢？这需要父母在表扬孩子的时候，有意识地将主语"我"改成"你"。例如，父母以前通常都是这样表扬孩子："你有了进步，我为你感到骄傲。"现在可以改为："你今天的表现非常出色，这是你努力付出换来的结果，你一定会为自己感到骄傲。"经常这样表扬孩子，孩子就会逐渐在内心认可自己，领悟到通过自己的努力获得成功，就是对自己最好的奖励。

约翰家里有一个与众不同的红色饭碗，上面刻着"你最独特"。家里无论谁做了一件事情得到了大家的认可，他就可以用这个碗吃饭。可以说，用这个碗吃饭是至高无上的奖励。

这天，约翰邀请伙伴大卫来家里玩。大卫骑来了一辆漂亮的小自行车，那正是约翰渴望得到的自行车，并且他正在存钱买这种自行车。

大卫得意地说："我这次测验及格了，这辆车是爸爸奖励给我的。"

约翰也通过了测验，但父母没有给他买自行车。妈妈担心约翰会有不公平的想法，便对他说："约翰，妈妈知道你也通过了测验，这是我和爸爸为你感到骄傲的事情，因此，今天你有资格用红色碗吃饭了。"

约翰若有所思地看了看大卫的自行车，然后小声地对妈妈说："妈妈，红色饭碗更棒，因为那是我通过努力得到的。"说完，约翰就和大卫开心地出去玩了。

父母用红色的饭碗来激励约翰，是希望约翰通过自我激励来及时化解外界环境的影响，目的是培养约翰对自身行为的正确认识。

这个故事告诉我们，自我激励是习惯内化的结果，孩子重视的不再是父母的表扬或物质上的奖励，而是对自己行为的肯定，并能正确面对物质诱惑，这是自控力的表现。相反，父母对孩子不恰当的物质奖励，很容易使孩子做事的动力完全来源于他人的赞许和物质上的奖励。当孩子失去了他人的赞许和物质上的奖励后，他们往往就会失去行动的积极性。

那么，怎样才能让孩子习惯于自我激励呢？父母可以从这几点来努力：

◎ 要经常给孩子精神上的激励

孩子保持自信、不断进步的原因有很多，其中最重要的一条就是父母的激励。我们知道，2 ～ 7 岁的孩子自我认知不足，他们对自己的评价很大程度上来自父母的肯定。因此，父母要经常激励孩子，这种激励不应该单纯是物质上的，而更应该是精神层面的激励。例如，当孩子有出色的表现时，父母及时肯定孩子："你真棒，妈妈为你感到骄傲，相信你以后会做得更好。"这种精神激励远比给孩子买玩具、买衣服或给孩子金钱作为奖励更让孩子受益。

◎ 用积极的语言和行动影响孩子

父母是孩子最亲近的人，对孩子的影响最大。如果父母经常给孩子负面的影响，那么孩子就会产生消极的心理；如果父母经常给孩子正面的影响，那么孩子就会产生积极的心理。积极的心理带来的将是积极的行动，积极的行动带来的将是孩子的快乐和自信。

有个孩子患有先天性的腿部残疾，走路有点瘸，因为这个问题，小伙伴们经常嘲笑他，他也一度感到很自卑。但是，妈妈没有因此对孩子失望，她经常用积极的言语和行动来影响孩子。

每天孩子起床时，妈妈都会面带微笑地对他说："新的一天开始了，要有新的收获哦！"这样的话说得多了，孩子不知不觉受到了积极的影响。慢慢地，他变得越来越积极，变得越来越坚强自信。

父母对孩子的鼓励，哪怕是一句话、一个眼神、一个不经意的动作，都可能唤起孩子内心的自我认同感。这种认同感是孩子自信的重要来源，也是孩子遇到挫折时自我激励的动力之源。因此，父母要悦纳自己的孩子、欣赏自己的孩子，有了这种态度，才能不断地给孩子带来积极的影响。

◎ 教孩子实用的自我暗示的方法

在培养孩子抗挫折能力的时候，父母有必要教孩子自我暗示的方法。比如，让孩子在遇到挫折时，学会对自己说："没什么大不了，我可以做到。"当孩子产生放弃念头时，让孩子对自己说："胜利就在前面，坚持就是胜利。"通过积极的语言暗示，孩子的心态会变得平和起来，也就更有力量战胜挫折了。

5

❀

挫折教育就是故意为难孩子吗

对孩子进行挫折教育，是为了培养孩子面对挫折的态度，激发孩子克服困难、战胜挫折的勇气和潜能，最终达到提高孩子的意志力、使孩子内心更强大的目的。适度的挫折教育对于 2 ~ 7 岁的孩子是必不可少的，但凡事都应讲究一个"度"，如果过度了，往往会适得其反。挫折教育也是这样，必须考虑孩子的心理承受力，切勿让孩子过度受挫。

街边有一条小河，有位妈妈带着孩子在河边散步，淘气的孩子蹦蹦跳跳，一不小心掉进了小河里。旁人毫不迟疑，飞快地跑过去，准备跳到河里救孩子。

没想到，就在他准备跳入河里的刹那，孩子的妈妈却制止了他。那人奇怪地望着她，她解释道："我要他自己爬上来，这是给他挫折教育。"那人看见孩子在水中慌乱地翻腾，呛了几口水，当他折腾了很久才爬上岸后，呆呆地坐在岸上，依然魂不守舍。

对于2～7岁的孩子来说，由于他们的心理承受力有限，独立解决困难的能力有限，如果给他们过度的挫折，可能会让他们一蹶不振。上文中的这位母亲对孩子的挫折教育，显然有些过度了，这一点从孩子上岸后的表现就能看出来。

在这里，我们提倡父母给孩子适度的挫折教育，让孩子可以通过自身的努力，能够解决和克服困难。否则，不但达不到考验孩子的目的，反而会让孩子丧失信心。

科学家曾做过这样一个实验：

把一只狗关在一个笼子里，笼子的地板一侧可以通电。每当狗站在可以通电的地板一侧时，实验者就把电流打开，于是狗被电得窜到另一侧地板上。经过很多次被电、逃窜的经历后，狗意识到只有站在另一侧地板上才是安全的。从那以后，狗总是站在不能通电的地板那侧。即便工作人员不再给另一侧地板通电，狗也不再站在上面，因为它害怕被电，不敢有任何尝试。

虽然这是个动物实验，但其中的结论可以推论到人类身上。当一个人做一件事屡次失败，心灵受伤之后，再提这件事时，他往往不会再去努力，而是尽可能地逃避。这个道理用在对孩子过度的挫折教育上再合适不过。

有位母亲说，她的儿子上幼儿园中班的时候，为了让儿子早日学会游泳，她和丈夫带儿子去游泳。刚开始的时候，儿子害怕不敢下水，她和丈夫苦口婆心劝了很长时间，也给了儿子很多鼓励，但儿子就是不敢尝试。最后，丈夫一气之下，把儿子推下水，儿子呛了几口水后，哭着爬上岸。从那以后，每次提起游泳，儿子都会马上摇头，怎么说也不去。

把孩子推下水，让孩子去克服对水的恐惧感，这就是一次过度的挫折教育。对于孩子来说，这种挫折超出了孩子承受的范围，最后不但没能帮孩子克服对水的恐惧感，反而彻底打消了孩子尝试下水的勇气。这个例子值得每一位父母警醒。

当然，不同的孩子对同一挫折有不同的承受能力，有些幼儿园中班的孩子不害怕水，反而见水就兴奋，乐意下水学习游泳，而有些孩子则截然不同。在对孩子进行挫折教育时，如果发现孩子表现出强烈的抗拒心理，父母就没必要强求孩子去尝试，可以试着先给孩子设置难度相对较低的挫折，慢慢地强化孩子的自信，激发孩子的勇气，再让孩子去克服难度较大的挫折。

另外，在对孩子进行挫折教育期间，当孩子遇到困难时，并且尝试几次后依然解决不了时，父母应该给孩子及时的引导和帮助。虽然我们鼓励父母对孩子的求助"袖手旁观"，但前提是孩子所遇到的问题是他有能力解决的。对于孩子不能解决的问题，父母没必要固执地"见死不救"。否则，有可能会冷了孩子的心，让孩子觉得父母不爱自己。

陪伴也要讲原则

坚决对撒谎说"不"

人无信不立。诚实、讲信用是做人最基本的品格。孩子将来要与人打交道，如果不诚实、爱撒谎，那么将难以赢得别人的信任，难以赢得友谊、爱情、事业。因此，父母要重视培养孩子诚实的品质，让他学会对自己说的话、做的事负责。

1

孩子不诚实怎么办

　　诚实，就是言行一致，说话算数，说到做到。诚实的人容易赢得别人的信任，赢得友谊、爱情、事业。从小培养孩子诚实的品质，对孩子将来的学习和工作都有十分重要的意义。一个孩子是否诚实，关系到他将来能不能顺利地适应社会，在事业上有所成就。

　　《伊索寓言》中有一个很有名的故事叫《狼来了》，故事讲的是：

　　从前，有个放羊娃，每天都去山上放羊。一天，他觉得很无聊，就想捉弄人寻开心。他对着山下正在种田的农民大声喊："狼来了，狼来了，救命啊！"农民们听了叫喊声，赶忙跑上山坡来帮忙赶狼，可是等他们气喘吁吁地赶到上坡上，才发现放羊娃在捉弄他们，于是生气地走了。

第二天，放羊娃故伎重演，善良的农民又冲上山坡帮忙赶狼，可发现再次被放羊娃捉弄。农民们非常生气，从此再也不相信放羊娃的话了。

后来，狼真的来了，放羊娃害怕极了，拼命地呼救："狼来了！狼来了！快救命呀！狼真的来了！"农民们听了不以为然，认为放羊娃又在说谎，于是不理睬他。结果，狼咬死了很多羊。

这个故事大家耳熟能详，它有这样几个寓意：

（1）说谎是不良的行为，是不尊重他人的表现，会失去别人对自己的信任；

（2）做人要诚实，不能用说谎的方式达到自己的目的，更不能无端地捉弄人；

（3）说谎看似是害别人，其实最终伤害的是自己，从长远来看对自己没有好处。

2～7岁的孩子都爱听故事，给孩子讲《狼来了》的故事，既能满足孩子听故事的心理，又能用故事来教育孩子诚实，可谓一举两得。除此之外，父母在教育孩子诚实时，还应努力做到以下几点：

◎ 为孩子树立诚实的榜样

要想把孩子培养成诚实的人，最好的办法就是父母先做诚实的人，也就是要给孩子做诚实的榜样，对孩子说话算数。比如，你跟孩子说："周末妈妈带你去游乐园。"到了周末，如果没有特殊原因，如天气不允许，就一定要兑现这句承诺。否则，孩子受到欺骗后会对父母产生不满，甚至还会有样学样，也变得满嘴谎言。关于这点，我们不妨看看古代的曾子是怎么做的：

曾子的夫人要去集市，儿子哭着闹着要跟着去。于是，曾子夫人就哄儿子："你听话在家，等我回来杀猪给你吃。"等她从集市回来，见曾子准备去杀猪，就阻止道："我只是跟孩子开了个玩笑，你还当真了？"

曾子说："是不能和小孩开玩笑的啊！小孩子没有思考和判断能力，等着父母去教他，听从父母的教导。现在你欺骗孩子，就是在教他欺骗别人。母亲欺骗了孩子，孩子就不会相信他的母亲，这不是用来教育孩子成为正人君子的方法。"

最后，曾子杀猪煮肉给儿子吃。

父母是孩子的启蒙老师，父母的言行对孩子成长有巨大的影响。对孩子来说，最好的教育莫过于父母以身作则。曾子用实际行动教育孩子做言而有信的人，从长远来看，对孩子的成长是大有好处的。

◎ 耐心地引导孩子说实话

一个4岁的小女孩有一天从幼儿园拿回了一个小塑料拼装的玩具。妈妈见了立即问她："这个玩具是不是你从幼儿园拿回来的？"小女孩说："不是，是老师送给我的。"当时妈妈没有在意，可是第二天放学回来，女儿又拿回来了另一个小玩具，又说是老师送给她的。妈妈不相信，严厉地批评她，说她的行为不对，说她做错了事还说谎更不对。小女孩委屈地大哭起来。

事实上，小女孩之所以撒谎，是因害怕妈妈批评她。如果妈妈耐心地引导她说真话："是不是你觉得这个玩具好玩，就想带回来多玩玩？如果是这样，明天你要还回幼儿园好吗？"通过这样耐心的引导，孩子就很容易理解"不是自己的东西不能拿"。

◎ 对于孩子的诚实行为要表扬

在日常生活中，父母发现孩子诚实的行为时，应及时肯定孩子、赞扬孩子，顺势教育孩子两句："对，就应该诚实，你做得很对。"通过这样的提醒和强调，可以不断强化孩子诚实的行为，使孩子慢慢养成诚实的习惯。

2

❀

爱说谎的孩子就一定是坏孩子吗

孩子说谎并不一定意味着欺骗，更不等于孩子人品败坏。关于孩子的说谎问题，一位儿童精神科医生指出："孩子撒谎，是成长过程中的一部分。通过谎言，孩子对自己与父母之间的关系进行测试。所以，让孩子体验到谎言的后果，对孩子的成长非常必要。"

谎言是一种话语，也是一种表达，孩子可以通过谎言传递自己的想法，解释周围的世界，还可以通过谎言探索自己的话语有多大的效力。具体来说，孩子说谎通常是由于以下几个原因：

◎ 原因1：满足特定的心理需要

暑假一开学，孩子们相互炫耀自己的假期过得多愉快。有人问薇薇假期去哪儿了，薇薇张口就说："我去香港了。"其实薇薇暑假哪儿也没去。同学们都很好奇地看着薇薇，问了她一大堆问题。薇薇开始编故事，说自己去了海洋公园，去了赛马场，还去了海边，大家以为她真的去香港了。编完"香港之旅"后，薇薇见大家对她投来羡慕的神情，心里感到特别满足。

◎ 原因2：混淆了现实与幻想

2～7岁这个年龄段的孩子，经常容易把现实世界与幻想世界混为一体。这种现象在2～4岁的孩子身上表现尤为突出，这也很容易被父母误认为孩子在说谎。比如，孩子把别人的玩具说成是自己的，把幼儿园的玩具偷偷拿回家。这很可能是因为孩子内心很想得到这个玩具，结果，把别人的玩具看作是自己的。

◎ 原因3：为了取悦父母

孩子说谎的第三种原因，是他们要对现实进行重构，以捍卫自己的利益。专家解释说："儿童需要在自己的父母面前显得有价值。事实上，孩子常通过撒谎，来满足成人对他的期待，是为了取悦父母。"也有专家认为，有时孩子说谎是为了引起父母的注意，用来维系与父母的关系。有些孩子不说谎，是因为他们对与父母的关系很有信心。而那些爱说谎的孩子，他们家庭成员的关系往往失衡，甚至有操纵和被操纵的关系存在。

◎ 原因4：为了逃避惩罚

孩子为什么爱说谎呢？有一个很常见的原因，那就是逃避惩罚。例如，孩子知道自己犯错了，害怕说实话会受到惩罚，于是他就对父母撒谎。这是再正常不过的撒谎心理。

了解了孩子说谎的几个原因后，父母应该平和地对待孩子的说谎行为，真的没必要大惊小怪、小题大做，但这并不代表轻视孩子的说谎行为，而是说要以一种温和的、冷静的、宽容的态度来教育孩子，帮孩子纠正说谎的行为。具体来说，父母可以这么做：

◎ 保持耐心和宽容，并适当地点拨

父母发现孩子说谎时，不妨耐心地听孩子怎么说。听完之后，父母可以适当地点拨孩子，提醒孩子要说实话。比如，孩子从外面回来，灰头土脸，妈妈问孩子为什么把自己弄得那么脏，孩子说："小朋友把土撒在我身上。"如果父母意识到孩子说谎了，可点拨道："真的吗？要不要去问问小朋友呢？"这时孩子意识到谎言露馅了，心虚地低下了头。父母可以适时说："是不是你自己弄的？害怕爸爸妈妈批评你，才说假话的？"见孩子点了点头，父母可以说："爸爸妈妈最喜欢说实话的孩子，不喜欢说谎的孩子。"这样孩子就明白下次不能说谎了，否则，爸爸妈妈会不喜欢自己。

◎ 运用幽默的口吻回应孩子的谎言

在日常生活中，对于无关痛痒的小谎言，父母可以用幽默的口吻回应孩子。比如，孩子没有洗澡，身上脏脏的，却骗你说洗澡了。你可以对孩子说："儿子，原来你是用'干'水洗澡的呀！"听到这里，孩子笑了，这时你再提醒孩子："要不再用湿水洗一次？"用幽默揭穿孩子的谎言，有利于保护孩子的面子，不至于伤害孩子的自尊心，从而让孩子在轻松的气氛中认识到说谎是不对的。

◎ 预测后果，让孩子知道说谎的后果

当孩子说了较大的谎言，而且不承认时，父母可以向孩子预测后果，让孩子知道说谎并不可怕，可怕的是不承认说谎，进而以新的谎言来圆旧的谎

言，这样将会受到惩罚。如果孩子明白这个道理后承认了自己说谎，父母应肯定孩子敢于认错的勇气，然后对孩子的说谎行为予以适当处罚，比如取消孩子一天的零食或看动画片时间。

3

"善意的谎言"真的是为孩子好吗

　　一家国际心理学杂志曾做过一项研究：绝大多数父母承认，为了劝说孩子改掉坏毛病而向孩子说过谎。由于父母说谎的主观动机是为了帮孩子改正缺点和毛病，因此，这类谎言有一个非常好听的名字，叫"善意的谎言"。

　　有些父母理所当然地认为，自己说谎也是被逼无奈，全都是为了孩子好，因此他们在说"善意的谎言"时，也变得更加理直气壮。凭借这些谎言，父母可以唬住孩子一时，达到教育孩子的目的，可这些谎言真的能说吗？

　　有一次，4岁的欢欢跟着妈妈上街，碰到了一个灰头土脸的乞丐。欢欢对乞丐很警惕，从乞丐面前走过的时候，欢欢刻意地躲到妈妈的另一侧。路上，欢欢不停地问关于乞丐的问题。"妈妈，他为什么那么脏？""妈妈，乞丐有爸爸妈妈吗？他的家在哪里？""妈妈，乞丐打人吗？""妈妈，乞丐吃了脏东西，肚子痛不痛？"

当时妈妈没觉得什么，就随便敷衍了欢欢几句："乞丐一般都没爸爸妈妈，或是被爸爸妈妈撵出家门，他没有钱，没有房子，所以只能在大街上乞讨或捡垃圾吃。没有人给他洗澡，所以他很脏……"幻幻听了沉默不语。逛街回来的时候，欢欢经过乞丐面前时，把手里的一颗糖扔给了乞丐。

有一次，妈妈叫缓缓洗澡，欢欢迟迟不行动。妈妈想起了那个乞丐，就对欢欢说："你再不洗澡，就会变成乞丐了，好脏哦！"这招一下子就灵了，欢欢立即跑到洗手间把衣服脱了，很配合地洗澡，边洗边说："妈妈，乞丐好臭哦！我要洗得干干净净的。"

妈妈不停地点头，认为找到了对付欢欢的妙方。从那以后，每当欢欢不听话，妈妈就对他说善意的谎言："你再不听话，就把你撵出去当乞丐。""你不乖，我就把你丢给乞丐！"有几次，欢欢听了这话吓得哇哇大哭。渐渐地，平日那个有说有笑的欢欢，变得沉默寡言起来，经常闷闷不乐。

7岁前的孩子判断力有限，很容易被父母哄住。父母习惯用"乞丐""大灰狼"来哄骗孩子，可以轻而易举地达到预期目标。可是有些谎言是不能说的，它们很容易对孩子幼小、脆弱的心灵造成伤害。总结下来，以下3种善意的谎言是不能说的：

◎ 情感类谎言

父母经常对孩子说："再哭、再不听话，我就把你丢了，不要你了。"这话显然是假话，从父母的角度来看，这也是一种"善意的谎言"，但对孩子来说，却会造成严重的心理伤害。当年幼的孩子以为父母说的是真话时，那种不安全感可想而知，孩子会做何反应？也许孩子晚上会做噩梦，也许孩子会担心：哪天爸爸妈妈真的会把自己丢掉。所以，父母千万不要用情感类的谎言去威胁孩子，不妨直接说："如果你有什么需要，你可以说出来，爸爸妈妈不喜欢哭哭闹闹的孩子。"

◎ 吓唬类谎言

当孩子调皮捣蛋时，有些父母会说一些吓唬的话试图制止孩子，如"你再不听话，坏蛋就会把你抓走""你再调皮，我就叫警察把你抓走"。这样的吓唬也许真的能让孩子安静下来，但无形之中会给孩子造成负面影响。在吓唬中长大的孩子，会对周围事物的认知产生偏差，影响孩子的心理健康。所以，不要再吓唬孩子了。孩子有什么问题，直接指出来，告诉孩子怎么做，或对孩子多一些耐心的引导，这比用吓唬类谎言教育孩子要有益得多。

◎ 知识型的谎言

7岁前的孩子好奇心强烈，经常会问父母一些诸如"我是从哪里来啊""为什么有黑夜""为什么会下雪"等问题，有些问题会让父母尴尬，有些问题会让父母无法解答。于是，父母就对孩子说善意的谎言，例如"你是我从垃圾堆捡来的""你是我抱来的"。殊不知，这样的回答既不科学，还会使孩子产生不安全感。

对于这类问题，如果父母真的不知道怎么回答，不妨告诉孩子："这个问题我也不知道，我们一起来寻找答案，好不好？"这样既可以丰富孩子的知识，又能培养孩子的探索精神，何乐而不为呢？

4

❀

别"逼"孩子说谎

孩子说谎是令父母感到头疼的问题。很多父母预感到孩子说谎了，就会不断地逼孩子承认撒谎，实在逼不出来就毫不顾忌地揭开孩子的谎言，然后劈头盖脸地斥责孩子一顿。殊不知，逼问反而更容易导致孩子说谎。

大家不妨回想一下：当你逼问孩子有没有说谎，希望孩子说实话时，你对孩子的态度是怎样的？是不是面色凝重？是不是带着怒气？孩子看到你这种表情，往往会被吓住，害怕你会惩罚他，即便他真的说谎了也不敢承认。在这种情况下，孩子说谎完全是为了逃避可能出现的惩罚。

6岁的森森不小心打碎了爸爸心爱的烟灰缸，他吓坏了，把碎片扔到后院的灌木丛中。父亲回来发现烟灰缸不见了，就问森森，森森说："我不知道烟灰缸去哪儿了。"父亲在屋子里找了一圈，然后又去前门、后院找了一圈，当他发现灌木丛中烟灰缸的碎片后，气愤地将森森叫到面前，大声地逼问他。

爸爸："我的烟灰缸是你打碎的吧？"

森森："不是我。"

爸爸："那是谁？"

森森："我不知道。"

爸爸厉声问道："你再说一遍？你分明在撒谎。"

森森被爸爸的话怔住了，显得有点心虚："我……我没有。"

爸爸："今天只有你一个人在家，不是你还有谁？你居然敢对我说谎，看我怎么收拾你……"

事实上，从一开始爸爸就知道是森森打碎了他的烟灰缸，但爸爸没有直接说出来，而是通过逼问的方式，想以此考验森森的诚实度。可森森看见爸爸气汹汹地逼问，没有勇气说出实话。这个结果令爸爸感到失望，于是爸爸就更加生气了。

在这个故事中，爸爸扮演了一个侦察员的角色。这对于 2 ~ 7 岁的孩子来说，是一件很有压力的事情。在高强度的心理压力下，孩子怎么敢如实说话呢？

其实，爸爸完全可以直接对森森说："我在后院的灌木丛中发现了我的已经破碎了的烟灰缸，我真的感到很遗憾，那是我心爱的烟灰缸，但没有什么比诚实重要，如果你实话告诉我是谁打碎了它，我心里会好受很多。"

当森森说出实话后，爸爸可以抚摸一下森森的脑袋，笑着说："你真是个诚实的孩子，敢做敢当，爸爸就喜欢你这样，希望以后你继续做诚实的孩子，好不好？"说这话的时候，面带微笑，保持平和的语气，孩子则不会感到有任何压力，并且他会很乐意接受教育。

逼问是导致孩子说谎的重要原因之一，父母如果不想因为自己的逼问而导致孩子说谎，那么，在问孩子的时候，就要注意自己的语气、态度和问话技巧了。

◎ 不要给孩子设置圈套性的问题

妈妈看见 5 岁女儿的房间又脏又乱，问女儿："我出门买菜的时候让你整理房间，你有没有整理？"

爸爸知道儿子昨天没有做作业，老师已经通知他了，但他依然问儿子："你昨天做完作业了吗？"

这些都是圈套性的问题，即明知道实情，还假装不知道，然后去提问。

父母在问孩子问题时，不应该问那种有可能激起孩子防御心理的问题。没有人愿意被人质问，更没有人愿意被圈套性的问题"陷害"。因此，父母不要明知故问，把孩子往圈套里引。

如果把圈套性的问题换一下，效果就好得多："我刚才去了你的房间，发现你没有整理！希望你现在整理一下。""听你老师说，昨天你没有做完作业，这样可不太好。"当父母讲出事实，孩子知道自己的错误行为被发现了，就无须狡辩了，这样孩子一般不会撒谎。

◎ 不要以质问的口气问孩子"为什么"

避免孩子在逼问下说谎的另一个技巧是，避免以质问的口吻问孩子"为什么"，因为这很容易激起孩子的防御心理。

"你为什么不整理房间？我说的话你不听是吗？""昨天你为什么没有完成作业？我明明看见你在房间里，你没写作业，你干吗去了？"这种口气会让孩子感到舒服吗？

孩子遇到这种情况时，心理往往这样想："天啊，爸爸妈妈又要批评我了，我赶紧想办法躲过去吧。"于是，孩子的注意力就集中在怎么逃避惩罚，继而很有可能说谎。所以，请马上停止用"为什么"去质问孩子。

5

❀

孩子说谎后父母要怎么办

　　每个孩子在成长的过程中都有说谎的经历。父母如果能够用正确的方式引导，就能让孩子从说谎中认识到自己不对的行为，从而学会诚实。下面，让我们先来看看幼儿园老师是怎样处理孩子说谎的：

　　放学的时候，天天和诚诚为了一个玩具而争执。老师走过来观察了一会儿，知道玩具是天天的，但没有点破诚诚的谎言，而是悄声对一旁的天天的父母说："别着急，我知道玩具是天天的，玩具先暂时放在我这里，给诚诚玩一玩，明天他就会还给天天的。"

　　天天被家人接回去后，老师对诚诚说："我知道你很想玩天天的玩具，天天同意给你玩一个晚上，明天你要带过来，还给他，知道吗？"第二天，在诚诚把玩具还给了天天后，老师对诚诚说："你做得很好，从别人那里借来的玩具要按时还给别人。"

虽然诚诚说谎了，但老师从头至尾没有提到一个有关"谎言"的字眼，只是告诉诚诚借来的东西要按时还，这样既可以帮诚诚树立物权概念，又能让诚诚学会讲真话。

2～7岁还是一个懵懵懂懂的年纪，父母在发现这个年龄段的孩子的说谎行为后，应该做好下面5件事：

◎ 第一件事：保持淡定，不要急于批评

父母可以学习上面那位老师的做法，在发现孩子说谎后，不急于批评孩子，而是给孩子讲清楚道理："喜欢别人的玩具可以借，但不能说是自己的玩具。"况且有时候，父母并不一定了解事实，如果这个时候急于批评孩子，有可能冤枉孩子。因此，保持淡定很重要。

◎ 第二件事：保持信任，给孩子积极暗示

当孩子跑来向你报告一件事时，不要质问或怀疑："真的吗？怎么可能呢？你不要骗我呀？"如果你这样说，就会让孩子感到你不信任他，孩子就会觉得：原来我在爸爸妈妈眼中并不是一个诚实的孩子。这种消极的暗示有可能助长孩子说谎的苗头。

正确的做法是，对孩子保持信任，给孩子积极的暗示，例如对孩子说："太有意思了，你详细地给我讲讲！"如果在听孩子讲的时候，你发现孩子有说谎的可能，可以正面引导孩子："希望你实话实说哦！""你讲的这句好像不是事实吧？"通过委婉的提醒，使孩子意识到自己露馅了。

◎ 第三件事：保持耐心，了解孩子的想法

孩子为什么要说谎呢？父母要想弄清楚这个问题，就必须保持耐心，通过询问去了解孩子的想法。比如，可以对孩子说："妈妈想知道你心里在想什么，是不是害怕受批评呢？""你是不是想玩小朋友的玩具呢？如果是，你可以把你的想法说出来，我们找小朋友借！"通过这样的提问，可以了解孩子的想法，了解孩子说谎的动机，便于有针对性地教育孩子。

◎ 第四件事：批评孩子，先回家关起门来

如果发现孩子有严重的说谎行为，比如，拿了家里的钱买了零食，还不承认，甚至污蔑别人。对待这种严重的说谎行为，父母如果想批评孩子，要先把孩子带回家，关起门来批评孩子。父母切不可当众批评孩子，更不可以当众批评孩子"偷窃""骗子"，这种极度负面的词会给孩子造成较为严重的心理打击。批评应就事论事，不要盲目指责。批评还应该与引导相结合，做到晓之以理，使孩子明白自己错在哪里，怎样做才是对的。

◎ 第五件事：表达期望，相信孩子是诚实的

无论孩子有多么严重的说谎行为，父母在批评孩子之后，不要忘记表达期望。要告诉孩子："虽然你这次说谎了，爸爸妈妈为此很生气，但爸爸妈妈依然相信你是个诚实的孩子，希望你能做到诚实，不要辜负爸爸妈妈的期望，好不好？"通过表达期望，可以引导孩子朝向好的方面发展。